INHALTSVERZEICHNIS

Bibliografische Information der Deutschen Bibliothek

Bernhard Marxen

Entschlüsselte Religion: **Epoche des „dritten Tags“**

ISBN 978-3-9817739-0-3

Erste neue Ausgabe 2017

Ethos-Verlag (im Verein durchsichtige Parteien (VdP e.V.))
Postfach 1103
D-21231 Buchholz i. d. N.

Internet: **www.ethos-verlag.de**

Übersetzung nach Vorschrift (z. B. englisch: Als Vorlage englischsprachige Bibel; Muttersprache des Übersetzers englisch - nicht deutsch)

Herstellung: BoD - Books on Demand GmbH
D-22848 Norderstedt

Herangezogene Literatur:

1. Die Bibel (nach M. Luther, 1964); Die Heilige Schrift (kath. 1957).
2. I. Kant: Kritik der reinen Vernunft, Felix Meiner Verlag, Hamburg 1990, bes.: Dritter Widerstreit der transzendentalen Ideen, S. 462 - 465 (Kausalität gemäß **Gesetz der Natur** - Kausalität durch **Freiheit**: unabhängig vom Gesetz der Natur).
3. I. Kant: Kritik der praktischen Vernunft, Felix Meiner Verlag, Hamburg 1990, bes. §§ 7 - 8: **Sittengesetz** als Sollgebot sittlicher Freiheit (von Natur her jeder Vernunft eingeschrieben), oder anders: **Grundgesetz** der reinen praktischen Vernunft, das sich aufdrängt, erspürt wird (Sollgebot) - als das einzige Faktum der reinen Vernunft -, die sich dadurch als ursprünglich gesetzgebend ankündigt.
4. I. Kant: Kritik der Urteilskraft, Felix Meiner Verlag, Hamburg 1990, bes. §§ 83 - 87: **Endzweck** des Menschen, **höchstes Gut** (Reich Gottes in und unter uns), **Glückseligkeit**.
5. B. de Spinoza: Theologisch-Politischer Traktat, Felix Meiner Verlag, Hamburg 1984.
6. F. Nietzsche: Der Wille zur Macht, A. Kröner Verlag, Stuttgart 1980 (Erstes Buch, bes. Punkt 55, S.45f, **aktiver Nihilismus**: ein Schema heutiger Wirklichkeit??).
7. Grundgesetz (GG) für die Bundesrepublik Deutschland, 1993.
8. Bilder aus J. Linder S. J.: Die Heilige Schrift I (für das Volk erklärt), St Josef-Vereinsbuchdruckerei, 1. bis 4. Lieferung, Klagenfurt 1909 bis 1913.
9. M. Henning: Der Koran, Ph. Reclam Verlag Jun., Stuttgart 1960/1990.
10. M. Timm (Hrsg.): Biblisches Lesebuch, Erziehung und Wissenschaft, Hamburg 1972.
11. I. v. Loyola: Geistliche Übungen (übers. F. Knauer S. J., Echter Verlag, 2. Aufl. 2011.
12. B. Marxen: **Literaturliste, S. 63**, Ethos-Verlag, Buchholz i. d. N. – Siehe **9. Buch** oder vgl. Kap. 1.5 im **5. Buch** mit §§ 20 - 23, § 30 in Kants „Prolegomena ...", Reclam Jun., Stuttgart 2001: Zur „gegebenen Anschauung" bei I. Kant könnte die bei B. Marxen angeschaute „Urechse" (Leviathan) gehören bzw. der Begriff „Bosheit" (reiner Verstandesbegriff a priori), der den „fremden Gedanken" (synthetisches Urteil a priori: allgemeingültig, notwendig, objektiv) ausgelöst hätte.

Biblische Abkürzungen:

Gen = Genesis (1. Mose)
Ex = Exodus (2. Mose)
Lev = Leviticus (3. Mose)
Num = Numeri (4. Mose)
Dt = Deuteronomium (5. Mose)
Ri = Richter
1 Chr = 1 Chronik
Ps (Pss) = Psalm (Psalmen)
Weish = Buch der Weisheit
Jes (Is) = Jesaja (Isaias)
Jer = Jeremias
Dan = Daniel
Mich = Michäas (Micha)
Zach = Zacharias (Sacharja)
Mt = Evangelium nach Matthäus
Mk = Evangelium nach Markus
Lk = Evangelium nach Lukas
Joh = Evangelium nach Johannes
Apg = Apostelgeschichte
Röm = Brief des Paulus an die Römer
1. Kor = 1. Brief des Paulus an die Korinther
Gal = Brief des Paulus an die Galater
Tit = Brief des Paulus an Titus
Hebr = Brief an die Hebräer
Jak = Brief des Jakobus
1. Joh = 1. (2., 3.) Brief des Johannes
2 Sam = 2 Samuel (2 Könige)
3 Kön = 3 Könige (hebr. 1 Könige)
Job = Hiob
Hes = Hesekiel
Amos = Amos
Jon = Jonas
Offb = Offenbarung des Johannes

Vorwort

Schon hier sei betont: Die jüdisch-christliche Theologie/Religion gehört zum *Kulturerbe der Menschheit.* Sie ist tiefstgründig, einmalig, in sich schlüssig; sie verspricht HEILUNG, Glückseligkeit, das höchste Gut.

In verkürzter Fassung ist das vorliegende Buch schon erschienen und gläubigen Laien, Religionslehrern und Gemeindepfarrern angeboten worden. In Gesprächen mit gläubigen Laien konnte der Autor erkennen, dass deren Hintergrundwissen aus Schulzeiten teils verblasst war und das Verständnis darunter litt. Wegen dieser „Gegensätzlichkeit" wuchs beim Autor der Wunsch, das verblasste Hintergrundwissen von Gläubigen aufzuhellen. Wie aber sollte das geschehen?

Durch die Amtsübernahme des Papstes Franziskus erhielt der Autor einen Impuls. Franziskus ist Mitglied im Orden der Gesellschaft Jesu, der während der Reformationszeit im 16. Jh. gegründet wurde, nämlich von Ignatius von Loyola (1491-1556). Nach der Lektüre seines Buches *Geistliche Übungen* entschloss sich der Autor, *ähnliche(!)* Übungen anzubieten, sprich: *theologische(!)* Übungen. Diesbezüglich ist wichtig, dass weder die katholische Kirche noch die evangelische Kirche noch sonstige Kirchen auf diese Übungen Einfluss nehmen dürfen! Übungsleiter sollen gläubige und geschulte Laien sein, z. B. Religionslehrer und -lehrerinnen!

Das Konzept der theologischen Übungen soll mithelfen, *das verkürzte Buch (Seite 44, 45, 46 ...)* verstehbar zu machen. Weil dieses Buch schon mehrmals überarbeitet wurde und keiner Korrektur mehr bedarf, soll es als hinterer Teil des vorliegenden Buches genutzt werden. Konzentrieren aber müssen sich die theologischen Übungen auf den mittleren Teil, auf fehlendes oder verblasstes Hintergrundwissen von gläubigen Laien, d. h. auf Kernaussagen des Alten Testaments.

Das vorliegende Buch ist aus drei Teilen aufgebaut. Zum mittleren und hinteren Teil ist der vordere Teil hinzugefügt worden - das Konzept der theologischen Übungen. Näheres steht unter Punkt "Aufbau des Buches".

Hier noch etwas Persönliches: Meine Heimat sei gelobt: die Ortschaften Marxen, Buchholz, Holm, überdies der Naturschutzpark Lüneburger Heide, geeignet für theologische Übungen. Zehn Bilder als Wegweiser zum Waldsee liegen vor (s. Seite 63, meine Bücher, **neuntes** Buch).

Buchholz i. d. N., im Dezember 2013/2015 Bernhard Marxen

1. Einleitung

1. Im Jahre 1548 erschien vom Gründer der Gesellschaft Jesu ein spiritueller Grundtext, der als „geistliche Übungen“ (Exerzitien) bekannt geworden ist. Zwar ist der Grundtext nicht veraltet, jedoch in praktischer Umsetzung reformbedürftig. Von daher hat vermutlich der Generalobere der Gesellschaft Jesu zum 400. Gründungstag folgende Worte gewählt: Die „geistlichen Übungen haben schon viele Herzen und viele Leben umgestaltet, und sie haben viele bedeutende soziale und kulturelle Veränderungen hervorgebracht. Sie sind nicht ein starr geschlossenes System. Im Gegenteil, *sie sind flexibel und können an Leute auf verschiedenen Stufen ihres geistlichen Weges und an verschiedene Formen des Lebens heutiger Menschen angepasst werden.* Die Erfahrung lehrt, dass nichtkatholische Christen sie ebenfalls durchführen können und dass sie auch so angepasst werden können, dass sie Nichtchristen helfen. Ich bin persönlich überzeugt, dass wir nichts Besseres anzubieten haben.“ [11] (d. h. S. 2, dort Lit.: 11., S. 24)

2. Der Orden lebt aus der Spiritualität der geistlichen Übungen. Sein Name zielt letztlich darauf, ein bestimmtes Verhältnis von Christ-sein an Gläubige weiterzugeben. Christ-sein bedeutet: für Jesus zu arbeiten, Gottes Wille zu befolgen, mit Jesus vor Gott stehen. Auf Gottes Wille sind die „theologischen Übungen“ gerichtet - hier weniger vom religiösen als vom *theologischen(!)* Standpunkt her (angepasste Variante). Theologie bedeutet: Lehre oder Wissenschaft von den *religiösen(!)* Glaubensinhalten.

3. Die theologischen Übungen sind eine Suche nach Gottes Wille und dem Heiligen Geist. In Zwiesprache mit Gott lassen sich richtige Wege finden. Auf falschen wird das *persönliche Gewissen* erregt - als Urteil der Vernunft, durch das jeder erfahren könnte, ob eine bestimmte Tat gut oder böse ist. In schuldhafter Verstrickung bleibt das Gewissen ein Unterpfand der Bekehrung und der Hoffnung. Diesbezüglich hat Jesus gesagt: *„Bittet, und es wird euch gegeben werden; suchet, und ihr werdet finden; klopfet an, und es wird euch aufgetan werden.“ (Mt 7,7)*

4. Als Urteil der Vernunft kann das Gewissen sich nicht täuschen: Gott ist vernünftig und sein *Erlösungsplan* ebenfalls, der offenbart worden ist - in *mythisch-esoterischer* Form. Der Erlösungsplan muss auf göttlicher Vernunft gründen und der menschlichen Vernunft zugänglich sein, die ihrerseits Schlüssigkeit verlangt: von Beginn der *Erlösungsgeschichte* bis zu deren Ende! Zwischen göttlicher und menschlicher Vernunft muss dennoch unterschieden werden.

5. Mit der Forderung nach Schlüssigkeit sind die theologischen Übungen

konfrontiert. Diesbezüglich sei auf Ignatius noch einmal gewiesen, der von „Wahl“ bzw. Urteil gesprochen hat. Nach ihm liegt ein zweifelfreies Urteil dann vor, wenn Gott unmittelbar zu erkennen gibt, was gut und richtig ist. Ein solches Urteil darf nicht aus eigener Überlegung kommen, nicht aus eigenem Willen und eigener Vernunft. Ignatius weist auf Matthäus und Paulus, genauer: auf deren Berufungen (Mt 9,9/Apg 9,3-9), die ethisch charakterisiert und keine Zwangsideen sind. In jedem Fall fordert Ignatius große Wachsamkeit, um der Gefahr zu entgehen, *eigene Urteile für Eingebungen Gottes zu halten. (ebd., S. 17, Engel Gabriel als Bote Gottes)*

6. Die theologischen Übungen sollen zweierlei leisten: erstens einen Beitrag zum Entschlüsseln der abrahamitischen Religion (Judentum, Christentum, Islam) anbieten, zweitens den Willen Gottes (Recht des HERRN, Goldene Regel, Jes 30,18/Mt 22,36-40) als Fundament des Glaubens bzw. der abrahamitischen Religion *nahe(!)* bringen. Da die Vernunft walten soll, muss die Religion entschlüsselt werden, muss deren Aufbau in sich schlüssig sein. *Entschlüsselung* und *Schlüssigkeit* sind vernunftgemäße Forderungen, auch hinsichtlich der göttlichen Vernunft.

7. Mit der Forderung nach Schlüssigkeit soll kein Beitrag zur wissenschaftlichen *Geschichtsschreibung* geleistet werden: wechselwirkende Kräfte menschlichen Willens stehen nicht im Vordergrund, sondern wechselwirkende Kräfte menschlichen und göttlichen Willens.

8. Durch diese Wechselwirkung findet die Forderung nach Schlüssigkeit ihren ethischen Sinn. Der Wille Gottes fordert sowohl vom Einzelnen als auch vom Volk *ethisches Handeln,* wegen der Freiheit des Einzelnen[2] (d. h. S. 2, dort Lit.: 2.) und der Freiheit des Volkes (Gesellschaft).

2. Aufbau des Buches

1. Aus drei Teilen ist das Buch aufgebaut: aus einem vorderen, mittleren und hinteren Teil. Im mittleren Teil ist die *Ur- und Erlösungsgeschichte* dargestellt, aber nur in groben Zügen und auf das Wesentliche reduziert. Das *Konzept* der theologischen Übungen (vorderer Teil) ist darauf bezogen - unter Beachtung des hinteren Teils: des Höhepunkts der Ur- und Erlösungsgeschichte bzw. deren Erfüllung durch Jesus Christus *(Erlösungsplan).*

2. Die Urgeschichte darf nicht ausgeklammert und als Märchen charakterisiert werden, schon gar nicht der Alte Bund, der bis zum Evangelium Jesu reicht. In mythisch-esoterischer Form ist sowohl die *Urgeschichte* als auch die *Erlösungsgeschichte* als auch der *Erlösungsplan* überliefert worden.

3. Ohne das Alte Testament kann das Neue Testament nicht verstanden werden: an Texte des Alten Testaments ist Jesu Evangelium gebunden!

4. Sowohl Altes als auch Neues Testament sind großteils *mythisch-esoterisch* verfasst: für Eingeweihte nur verständlich. Hierzu sei auf 5.2 im hinteren Teil gewiesen, aber auch auf Klammerausdrücke im mittleren Teil.

5. Der mittlere Teil ist in Abschnitte unterteilt, die je einen Inhalt der Ur- und Erlösungsgeschichte wiedergeben. Zu jedem Inhalt gehört ein „Zuwachs an Wissen und Glauben", den die Teilnehmer anstreben sollten.

6. Die Teilnehmer brauchen den vorderen Teil *(Konzept)* nicht durchzuarbeiten, nur den mittleren und hinteren Teil. Für Übungsleiter ist der vordere Teil bestimmt. *Jeder Teilnehmer aber soll ihn durchlesen!*

7. Vom Autor wurde ein „Modellsystem der realen Welt" errichtet, dem das vorliegende Buch zugeordnet ist. Die zum Modellsystem gehörenden Bücher (S. 63/64) werden im vorliegenden miterwähnt - der Vollständigkeit wegen.

3. Vorderer Teil

3. 1. Zum Planbezug

1. Die theologischen Übungen sind auf wichtige Texte des Alten und Neuen Testaments bezogen. Nicht alle „Zitate“ sind wortgenau wiedergegeben, auch deswegen nicht, weil die Bibelübersetzungen (römisch-katholische und evangelisch-lutherische) nicht wortgenau übereinstimmen. Die Zitate sind markiert, teils verkürzt und können je nach Ausgabe überprüft werden.

3. 2. Zum Lehr- und Lernmotiv

1. Großteile der biblischen Bücher sind verschlüsselt (mythisch-esoterisch), für *Eingeweihte nur verständlich!* Weil jeder Priester dem Lehramt seiner Kirche untersteht und gegen fehlendes Verständnis auf Seiten der Gläubigen nur wenig unternehmen kann, sind Antriebsmotive bereits vorhanden.

2. Im Grunde sind die meisten Menschen religiös eingestellt. Eine entschlüsselte Religion würde ihren Glauben fördern, würde frevelhafte Tendenzen in unserer Gesellschaft zurückdrängen helfen - gemäß unseres Grundgesetzes, vorrangig gemäß *Gleichheit der Rechtssetzung* (Artikel 1(3); 2(1); 3).

3. 3. Zur Sprache der biblischen Bücher

1. Die mythisch-esoterische Sprache soll nicht abgeschafft, sondern besser verstanden werden. Dazu sei auf 5.2. Anhang ... gewiesen.

2. Zitate von Propheten, ja von Gott selbst sind *mythologisch* zu deuten. Es geht nicht um mythenfreie Wortwahl, sondern um Glaubensgewissheit, die durch Wissen theologischer Inhalte gefördert würde. Die biblische Sprache sollte mehr im übertragenen Sinn aufgefasst werden.

3. 4. Zur Sachstruktur

1. Die theologischen Übungen beziehen sich auf die biblische Ur- und Erlösungsgeschichte, wonach der Person ebenso wie dem Volk (Gesellschaft) <u>sittliche Freiheit</u> zuerkannt worden ist: <u>Spielraum</u> *im* Gesetz der Natur. Laut Bibel soll die Grenze des Spielraums beachtet werden *bei Strafe von Verletzung oder Untergang!* Hier sei auf das zweite/achte Buch des Autors gewiesen, zudem auf dessen fünftes Buch (hauptsächlich 2. und 5. Kapitel), wo das Problem <u>säkular</u> behandelt worden ist! Sowohl der Person als auch der Gesellschaft ist Spielraum zuerkannt worden, Spielraum *im* Gesetz der <u>Natur</u>, wobei das *Gewissen* bzw. *Gesetz des <u>Rechts</u>* (staatliche Gesetz!) die

Grenze des Spielraums beachten bzw. den Spielraum (Kegelraum B) „ausfüllen“ sollte. Hierzu folgende Graphik, die sich auch auf Kants „Kritiken“ beziehen lässt.[2/3/4] (d. h. S. 2, dort Lit.: 2., 3., 4.)

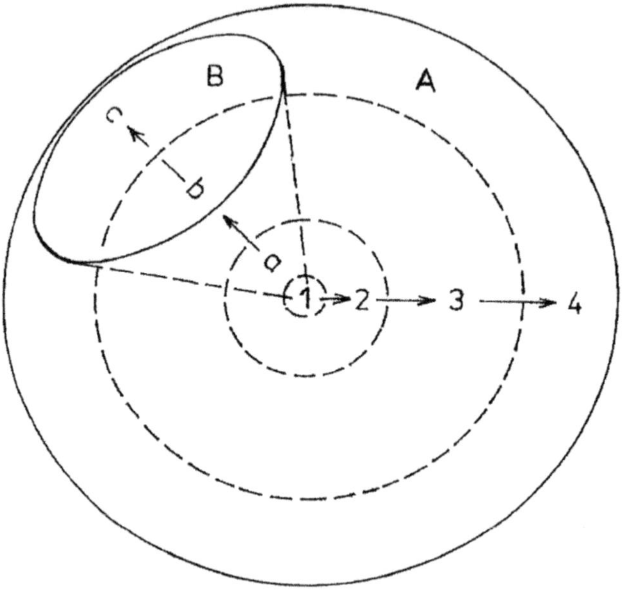

A: Raum-zeitliches *Schema(!)* vom Gesetz der Natur (Kugelgestalt, 1 bis 4):
- metaphysisches Segment (auch Bereich, Ordnung, Aspekt) 1
- physikalisches Segment (auch Bereich, Ordnung, Aspekt) 2
- biologisches Segment (auch Bereich, Ordnung, Aspekt) 3
- ethisches Segment (insgesamt: *natürliche Gesetzeseinheit)* 4

B: Spielraum (sittliche Freiheit) *im* Gesetz der Natur (Kegelgestalt, a bis c):
- *im* physikalischen Segment (auch Bereich, Ordnung, Aspekt) a
- *im* biologischen Segment (auch Bereich, Ordnung, Aspekt) b
- *im* ethischen Segment (auch Bereich, Ordnung, Aspekt) c

2. In der Bibel findet man viele Doppelnennungen, sprich: verschiedene Wörter mit gleicher/ähnlicher Bedeutung, so *Gesetz der Natur* für Wille/ Wort Gottes oder für Recht des HERRN oder für natürliches Sittengesetz.[3] Hier sind Doppelnennungen eingeklammert. Die Wörter *Gesetz der Natur* und *natürliche Gesetzeseinheit* (zweites/achtes Buch) sind identisch.

3. In der Bibel stößt man auf *dialektische DREISCHRITTE,* z. B. Sünde-Reue-Heilung oder Versuch-Irrtum-Erkenntnis, was an Bohrs „Komplementarität“ erinnert (achtes Buch, Kap. 2/10). Hier stehen Dreischritte in Klammern.

3. 5. Zur Lernstruktur

1. Weil das Verhältnis „Gesetz der Natur - Gesetz des Rechts“ schwer verständlich ist, sollen folgende Absätze betont werden: erstens der Absatz *3.4, Punkt 1 und Graphik,* zweitens die Absätze *4.2, Punkte c) bis e)*, wo die Begriffe „Natur“, „Recht“ und „Gebot“ aufeinander bezogen sind, drittens die Absätze *4.3, Punkte a) bis c)*. Auf die Absätze wird im Text wiederholt eingegangen - mittels unterstrichener „Hinweise“.

2. Die theologischen Übungen sind vorrangig für gläubige Laien bestimmt, sollen deren Glauben und theologisches Wissen anreichern. Der Glaube allein kann irregeleitet werden, nicht aber Glaube und theologisches Wissen, das *dialektisch* verquickt und in sich schlüssig ist. Zu oft ist der Glaube irregeleitet worden für macht-politische Zwecke (Krieg, Sklaverei etc.).

3. Laut Neuem Testament ist Paulus der *„Apostel für die Heiden“*, dem das *„Evangelium an die Heiden“* offenbart worden ist (Gal 1,12/Gal 2,7-8/Apg 15,22-29). Nicht Glaube und gerechtes Werk fordert das „Evangelium an die Heiden“, sondern Glaube an Jesus allein! (Röm 3,27-28/Röm 7,14-25) Mit dieser Einengung(!) wurden Zuwächse in den Provinzen des römischen Reiches erzielt, doch Verluste an Glaube und Wissen andererseits (nicht mehr schlüssig: *Mensch ohne Freiheit*[2/3], kein Bezug auf das Gesetz des Rechts).

4. Im 15./16. Jahrhundert, zur Zeit der Reformation, wurden Nord-, Mittel- und Südamerika entdeckt, mit hunderte Millionen neuer Menschen bzw. neuer Heiden (wie im früheren römischen Reich). Die Reformatoren Luther, Calvin, Zwingli etc. griffen auf Paulus zurück, auf das *„Evangelium an die Heiden“* und machten es zur vorrangigen Lehre des Protestantismus insgesamt - bis zum heutigen Tag! Dem „Evangelium an die Heiden“ hat sich auch die katholische Kirche weitgehend angepasst - bis zum heutigen Tag!

5. Kirchen lehren die sogenannte Prädestination (Vorherbestimmung), z. T. die zweiseitige Prädestination: die zur *Seligkeit* und die zur *Verdammnis* (hoffnungslose Desperation: *Mensch ohne Freiheit,* Paulus, Augustinus ...).

NACHTRAG: „Gesetz der Natur und Gesetz des Rechts“ sind als „Gesetz allgemein“ gekennzeichnet worden (Schlusssatz des 1. Buches/2. Buch).

3. 6. Zur Lernkontrolle

1. Abweichend vom Schulunterricht dürfen keine Lernkontrollen während der Übungen durchgeführt werden. Der jeweilige Übungsleiter darf aber Schwerpunkte setzen - behutsam -, sodass der Zuwachs an Wissen und

Glauben nicht ganz eigenständig ist. Volles Verstehen schwerer Textstellen darf nicht erwartet werden.

2. Zuwächse an Wissen und Glauben entsprechen den *Lernzielen* im Schulunterricht. Weil Gläubige an den Übungen freiwillig teilnehmen und theologische Inhalte behandelt werden, soll nicht von Lernzielen, sondern nur von „anzustrebenden Zuwächsen" gesprochen werden. Vor den *Inhalten* der sechs(!) Abschnitte sind diese *Zuwächse (Lernziele)* aufgelistet worden.

3. 7. Methode und Arbeitsmaterial

1. Den *mittleren Teil* soll jeder Teilnehmer durchgelesen haben - ohne Beachtung von Hinweisen! Erst danach sollen die Übungen beginnen. Jeder Absatz der einzelnen Abschnitte soll laut vorgelesen werden. Die Hinweise, die sich auf Abschnitte/Absätze beziehen (z. B. 4.1, Punkt h)), weisen auf Zusammenhänge, sowohl zwischen Abschnitten als auch zwischen Absätzen, unterstützt durch projizierte Bilder - gleich jenen im Buch. Die Teilnehmer sollen *zurückblättern, erneut lesen(!)* und die Zusammenhänge besprechen. Die Hinweise sind eingeklammert und unterstrichen.

2. Am Ende eines jeden Abschnitts sollen die Inhalte des Abschnitts zusammengefasst werden - von Teilnehmern der theologischen Übungen.

3. Musik, Tanz, Psalm, Gebet könnte man einschieben, was der Glaubensförderung dienen würde.

4. Ein Exemplar des vorliegenden Buches soll jedem Teilnehmer übereignet werden. Zwei Exemplare des Alten und Neuen Testaments sollen auf den Tischen liegen, auch je ein Exemplar des Grundgesetzes (GG) und des Korans (zum Nachprüfen von Textstellen). Die Projektionsapparatur (vielleicht nur Overheadprojektor, Leinwand, Folienbilder oder Dias) muss der Übungsleiter bereitstellen. Sprachlich sollte er sich zurückhalten.

5. Die in 3.4 dargestellte Graphik weist auf den hinteren Teil, auf die „Bücher vom Autor", wo die Graphik bzw. ihre Segmente säkular begründet worden sind: die Segmente 1 und 2 im ersten Buch, die Segmente 1 bis 4 im zweiten/achten Buch. Die Probleme *Spielraum, Sittengesetz, Modifikation* sind im fünften Buch behandelt worden, hauptsächlich im 2. und 5. Kapitel. Weitere Informationen stehen auf den letzten zwei Seiten des hinteren Teils.

6. Der hintere Teil des Buches (5., verkürzte Ausgabe) gehört nicht zu den theologischen Übungen. *Doch jeder Teilnehmer soll ihn lesen!!* An einigen Stellen wird er einbezogen. Nun zu den Übungen (ca. 6 Doppelstunden).

4. Mittlerer Teil

Die wichtigsten Inhalte der Ur- und Erlösungsgeschichte sind, wie erwähnt, in *sechs* Abschnitte unterteilt *(6 Doppelstunden)*. Mit dem Lesen der „anzustrebenden Zuwächse“ (Lernziele) sollen die Übungen jeweils beginnen. Nur die wichtigsten Zuwächse sind aufgelistet, vor den Inhalten des betreffenden Abschnitts. Zuerst die *Zuwächse* im ersten Abschnitt, danach die *Inhalte* des ersten Abschnitts (siehe 3.7, Punkte 1 und 2).

4. 1. Anzustrebende Zuwächse (Lernziele) im ersten Abschnitt

a) Inhalte des Alten und Neuen Testaments sind *mythisch-esoterisch* verfasst, z. B. geistige Werte, die in Form von Metaphern verkörpert, verdinglicht, versinnlicht worden sind. (2, Punkt 4)

b) Die Schlange ist eine Metapher für die Sünde. Hinter der Schlange steht der Teufel, der böse Drache, der große Satan (Leviathan).

c) Mit der Sünde beginnt die Urgeschichte. Sünde ohne Freiheit (ohne Spielraum) ist nicht schlüssig, widerspricht der menschlichen Vernunft.[2/3]

d) Würde und Freiheit sind jedem zuerkannt worden - auch gegenüber Gott. Würde ohne Freiheit (ohne Spielraum) ist nicht schlüssig, widerspricht der menschlichen Vernunft. (3.5, Punkt 2, Punkt 3, Punkt 5)

e) Zwischen dem irdischen und himmlischen Paradies (neuer Himmel und neue Erde, Jes 65,17) unterscheidet die Bibel.

f) Aufgrund von Gnade kann sowohl das irdische als auch das himmlische Paradies (Ziel) erworben werden - durch Übung von *Recht und Gerechtigkeit*, sprich: durch Glaube und gerechtes Werk (schlüssig).

g) Auf dem Lebensweg jeder Person wachsen *„Dornen und Disteln“* (Metapher für Mühe und Leid, 5.2. Anhang ...).

h) Zwischen der Sünde der Person und der Sünde des Volkes (Gesellschaft) unterscheidet die Bibel. *Auch das Volk bedarf der Erlösung bzw. Heilung!*

4. 1. 1. Inhalte des ersten Abschnitts

1. Aus Kindertagen erinnere ich Worte und Bilder biblischer Geschichten: von der Erschaffung der Welt, vom irdischen Paradies, vom Verbot Gottes, von der Schlage, von Adam und Eva usw. Mit diesen Bildern gehe ich nicht

nur in meine *Kindzeiten* zurück, ich gehe Jahrhunderte, Jahrtausende zurück in *Kindzeiten* von Völkern. In zweifacher Weise also erinnere ich jene Worte und Bilder, zum einen als Erlebnisse von mir selbst, zum andern als Erlebnisse von Völkern. Ich erkenne: weder die einen noch die anderen Erlebnisse sind falsch! Gegenüber heutigen sind sie nur vereinfacht und von *mythologischer* Art. Im Kern sind sie wahr, sind ein Abbild der Erlösungsgeschichte und des Erlösungsplans.

2. Ich gehe fortan auf *Mythologisches* zurück, um den Kern der abrahamitischen Religion (Judentum, Christentum, Islam) bzw. der Erlösungsgeschichte freilegen zu können, sprich: den *Erlösungsplan!*

3. Vor meinen Augen stehen nun Adam und Eva. Ohne den leiblichen Tod erleiden zu müssen, sollten sie - in *freier(!)* Willensentscheidung - Gottes Gebot befolgen, sprich: die Probe ihres Glaubens bestehen, um Gottes „Angesicht" schauen zu dürfen. Nicht nur Adam und Eva ist dieses Ziel verheißen worden, sondern allen Nachkommen - ein überirdisches Ziel: die

Kindschaft Gottes und das himmlische Paradies (neuer Himmel und neue Erde). Zwischen irdischem und himmlischem Paradies unterscheidet die Bibel. (4.1, Punkt e))

4. Gottes Gebot aber wurde von Adam und Eva nicht befolgt. Wegen der Sünde ging das irdische Paradies verloren, ebenso die Kindschaft Gottes, die von jedem wiedererlangt werden kann, durch Übung von *Recht und Gerechtigkeit* (4.1, Punkt f)). Als Metapher der Sünde ist die Schlange gewählt worden, ein giftiges Tier mit gespaltener Zunge (Lüge).

5. Laut Bibeltexten steht hinter der Schlange der Teufel, der große Satan, der böse Drache (Leviathan), der die ganze Welt verführt (Ps 74,14/Job 40,25-32/Job 41/Jes 27,1/Offb 12,9). Im irdischen Paradies noch hat Gott den *Heiland* bzw. *Erlöser* versprochen: den Sieger über die Schlange. Zur Schlange sprach Gott: „Feindschaft will ich stiften zwischen dir und der Frau (Jungfrau), zwischen deinem Samen und ihrem Samen, *er (Heiland) wird dir den Kopf zertreten,* und du wirst nach seiner Ferse schnappen.“ (Gen 3,14-15)

6. Wege zum Ziel sind nun zu beschreiben: zum Ziel der Personen und zum Ziel der Völker (4.1, Punkte f) und h)). Zum Ziel beider gehört die *Erlösungsgeschichte* und der *Erlösungsplan* (5.1, hinterer Teil).

7. Das überirdische Ziel bleibt vorerst noch dunkel. Nachdem Gott die Schlange verflucht hatte, sprach er zu Eva: „Unter Schmerzen sollst du Kinder gebären. Doch du begehrst deinen Mann, herrschen soll er über dich.“ Zu Adam sprach er: „Du hast vom Baum, den ich dir verboten hatte, gegessen -, verflucht sei der Acker um deinetwillen. *Dornen und Disteln* soll er dir tragen (4.1, Punkt g)). Im Schweiße deines Angesichtes sollst du dein Brot essen, bis du wieder zu Erde wirst. Denn aus Erde bist du geworden und zu Erde sollst du werden.“ (Gen 3,16-19)

8. Adam und Eva wurden zwei Söhne geschenkt, zuerst Kain, dann Abel. Von den Früchten des Feldes brachte Kain dem Herrn Opfer dar, ebenso Abel von den Erstlingen seiner Herde. Mit Wohlgefallen sah Gott auf Abel und auf dessen Opfer. Auf Kain und sein Opfer sah er nicht. Da ergrimmte Kain: der Neid stieg in ihm hoch. Gott gebot dem Kain, nicht zu sündigen, über die Sünde zu siegen. Kain aber ließ den Neid zu, erschlug Abel - jenseits von Eden. Als Kain die Tat bereut hatte, sprach Gott: „Wer immer Kain tötet, soll es siebenfach büßen.“ Gott machte dem Kain ein Zeichen, damit niemand ihn töte, wer immer ihn finde (Gen 4,3-15).

9. Aus der großen Verderbnis vor der Sündflut wurde Noe gerettet, der Prediger der **Gerechtigkeit**. Weniger auf die Sünde der Person als auf die

Sünde des Volkes (Gesellschaft) weist die Sündflut (4.1, Punkt h)). Nur Noe, seine Familie und seine Tiere wurden gerettet.

10. Gegen Ende der Sündflut ließ Noe eine Taube aus der Arche fliegen, die im *ersten Versuch* zurückkehrte, im *zweiten* mit einem Ölzweig im Schnabel, im *dritten Versuch* kam sie nicht mehr zurück (Versuch-Irrtum-Erkenntnis, 3.4, Punkt 3). Die Taube ist ein Metapher für den Heiligen Geist, ähnlich(!) der Engel Gabriel: der Bote Gottes (Gen 7-8). (1, Punkt 5, Bild)

11. Auch Sodom und Gomorrah haben sich - als kleine Gruppen - selbst vernichtet. Nach der Sündflut hatte Gott gesprochen: „Von nun an will ich *alles* Lebende nicht mehr schlagen, wie ich getan habe.“ (Gen 8,21) Langmütig lässt Gott seine Sonne scheinen, auch über Ungerechte (Sünder).

12. Gottes Segen ging von Noe auf Sem über. Ein Nachkomme Sems - Abraham (um 1800 v. Chr.) - errang eine Sonderstellung. Gott hatte erwogen: Abraham soll zu einem großen Volk werden, so zahlreich wie der Staub

der Erde. „Ihn habe ich auserwählt, seinen Söhnen und Nachkommen zu gebieten, den Weg des Herrn zu beobachten durch Übung von **Recht und Gerechtigkeit** ...“ (Gen 18,19). (4.1, Punkt f)) *Durch Abrahams Nachkommen sollen gesegnet werden alle Geschlechter (Völker) der Erde.* (Gen 22,18)

4. 2. Anzustrebende Zuwächse (Lernziele) **im zweiten Abschnitt**

a) Gottes Wege sind unerforschbar, Gottes Wille aber kann die Person spüren, durch ihr *Gewissen* als Urteil der Vernunft, durch *„Dornen und Disteln“* auf ihrem Lebensweg.

b) Keinesfalls darf persönliches Leid (Prüfung, Lenkung etc.) als Strafe Gottes erklärt werden: Freiheit ist jedem zuerkannt worden, sprich: Spielraum im(!) Gesetz der Natur. An der Grenze des Spielraums kann die Person *sich selbst(!)* verletzen, ebenso das Volk (Gesellschaft). (3.5, Punkt 1)

c) Das Gesetz der Natur steht für Wille/Wort Gottes, Recht des HERRN, natürliches Sittengesetz[3] - mit zuerkanntem Spielraum. Das *Gewissen* bzw. *Gesetz des Rechts* soll helfen, die Grenze des Spielraums einzuhalten.

d) Das Gesetz des Rechts steht für mosaisches Recht, staatliches Gesetz, bzw. *Goldene Regel (Mt 22,36-40).* Der Spielraum im(!) Gesetz der Natur soll komplementär damit „ausgefüllt“ werden. (3.4, Punkt 1 und Graphik)

e) *Goldene Regel (Mt 22,36-40)* meint größtes Gebot *im* Gesetz des Rechts (staatlichen Gesetz). Der Spielraum im(!) Gesetz der Natur wäre mit dem größten Gebot im(!) Gesetz des Rechts komplementär „ausgefüllt“ (Haupterkenntnis seit dem Geschehen am Waldsee[12], d. h. S. 2, dort Lit.: 12.).

f) *Dialektische DREISCHRITTE* führen zu höherem Bewusstsein, entweder bei der Person oder bei Mitpersonen (Volk) oder bei beiden. (3.4, Punkt 3)

g) Die Taube, das Licht etc. ist je eine Metapher für den Heiligen Geist. Das goldene Kalb ist eine Metapher für den Götzengeist (Götzen-Gebote). Oder anders: Gott als *Arzt* (Ex 15,26)!

h) Der Apostel Matthäus empfing das Evangelium Jesu vom Engel Gabriel (Engel des Herrn), der Apostel Paulus empfing das „Evangelium an die Heiden“ durch „Offenbarung Jesu Christi“. (Gal 1,12/Apg 9,3-9) Der Prophet Muhammad empfing den Koran vom Engel Gabriel (4.1.1, Punkt 10).

i) Das Christentum verehrt Jesus Christus als den *Heiligen Israels (Jes 1,4),* der gekreuzigt wurde - mit *Dornenkrone* auf dem Haupt. (4.1, Punkt g))

4. 2. 1. Inhalte des zweiten Abschnitts

1. Bevor Abraham eine Sonderstellung errang, war er auf die Probe gestellt worden, von Gott selbst (wie Adam und Eva). Seinen Sohn sollte er opfern, auf einem Berg, den Gott ihm zeigen würde (im Land Morija, auf dem späteren Tempelberg). Wie hat Abraham die Probe bestanden?

2. Am *ersten Tag* erhielt Abraham den erwähnten Auftrag, der ihn niederwarf (stirb), am *zweiten Tag* dachte Abraham über den Auftrag nach (besinne), am *dritten Tag* wollte Abraham ihn ausführen. Da rief der Engel des Herrn (Gabriel) und wies auf höhere Erkenntnis (stirb-besinne-werde, 4.2, Punkte f und g)). Der wahre Gott will keine Menschenopfer, will Opferbereitschaft und Gehorsam gegenüber seinem Willen (Gen 22).

3. Im Land der Verheißung - in Kanaan - herrschten abergläubische Sitten. Die Kanaanäer opferten Kinder, um erzürnte Götter zu besänftigen oder um drohendes Unheil abzuwenden. Abraham und seine Nachkommen sind

aufgefordert worden, nach *Recht und Gerechtigkeit* zu leben (4.1.1, Punkt 12). Auf die sogenannte abrahamitische Religion sei hier gewiesen: auf Judentum, Christentum, Islam, die sich je auf Abraham berufen.

4. Für das Christentum ist von Bedeutung, dass an der Stätte, wo Abraham seinen Sohn opfern sollte (Tempelberg), Vorbild und Verheißung sich vereinen. Mit dem Opferholz beladen stieg Isaak den Berg hinauf, im Vertrauen auf seinen Vater Abraham. Wie ein Opferlamm ließ er sich binden und auf den Altar legen - dem „Heiligen Israels" bzw. Jesu Christi zum Vorbild (4.1.1, Punkt 5) (4.2, Punkt i)). Versinnlicht hat Abraham den *dialektischen* *DREISCHRITT,* hin zur Dreifaltigkeit: zum Gott *Vater,* der den Menschen-*sohn* (Heiligen Israels) hat opfern lassen (Trost für Verfolgte und Leidende - für jene, die *Recht und Gerechtigkeit* fordern und auch so handeln: Märtyrer).

5. Für den Islam ist von Bedeutung, dass der ältere Sohn Abrahams (Ismael) von der Ägypterin Hagar geboren wurde (Gen 16), der jüngere Sohn Abrahams (Isaak) von Sara, Abrahams Ehefrau (Gen 21,4). Der Islam beruft sich auf Ismael, das Christentum auf Isaak (wie Judentum). Auf beiden Söhnen hat Abrahams Segen gelegen.

6. Isaak hatte zwei Söhne: Esau und Jakob, von denen Esau der Erstgeborene war. Doch Esau war wenig kultiviert, missachtete sein Erstgeburtsrecht, das Jakob ihm listig nahm - mit Hilfe seiner Mutter. Später hatte Jakob einen Traum. Er sah eine Leiter (Treppe), deren Spitze den Himmel berührte (Bild

für Dialektik). Gottes Engel stiegen auf und nieder. Oben stand Gott und sprach: „Ich bin der Herr, der Gott deines Vaters Abraham und der Gott Isaaks; das Land, auf dem du schläfst, will ich dir und deinen Nachkommen schenken. Zahlreich werden deine Nachkommen sein, wie der Staub der Erde ... *In dir und deinen Nachkommen sollen gesegnet sein alle Geschlechter (Völker) der Erde ...*" (Gen 28,12-15). (4.1.1, Punkt 12) (Jakob hatte zwölf Söhne, Jesus Christus hatte zwölf Jünger)

7. Später hatte Jakob eine besondere Begegnung (Gen 32,23-31). Nachts rang ein Mann mit ihm, bis zum Beginn der Morgenröte: der *Engel Gabriel* oder Gott selbst? (Gen 32,31), der ihn segnete und sinngemäß sprach: Nicht mehr Jakob sollst du heißen, sondern *Israel (d. h. Stärke Gottes);* denn im Streit mit Gott bist du stark gewesen, um viel mehr wirst du stark sein im Streit mit Menschen. Mit *Israel* beginnt die Geschichte des Bundesvolks.

8. Für Jakobs Kampf bis zur Morgenröte gibt es eine interessante Parallele im Koran (Sure 96/97 u. 73/74). Muhammad befand sich auf dem Berg Hira, der außerhalb Mekkas lag. Ein Mann erschien ihm, der *Engel Gabriel* und sprach: „Lies ..." (d. h. trag vor den Koran: den Ur-Koran). In Berichten darüber fällt etwas auf: die körperliche Gewalt, die Muhammad erfuhr - wie Jakob! (4.2, Punkt h))

9. Von Gott hatte Jakob das Land Kanaan versprochen bekommen. Einer Hungersnot wegen aber zogen er und seine Familie nach Ägypten, wo später

seine Nachkommen (Volk *Israel)* versklavt wurden. Bevor Jakob starb, rief er seine zwölf Söhne, um jedem das Erbteil geben und das Schicksal Israels voraussagen zu können (Gen 49,1-27): „Kommt alle, ihr Jakobssöhne, höret euren Vater Israel." Nachdem er von Ruben, dem ältesten seiner Söhne, gesprochen hatte, sprach er von Simeon und Levi: „In ihren geheimen Rat trete mein Herz nicht ein ... in ihrem Zorn haben sie Männer getötet und Stiere mutwillig gelähmt ... Ich will sie zerteilen in Jakob (Person) und zerstreuen in Israel (Volk)!"

10. Danach sprach er von Juda, seinem vierten Sohn: *„Nicht weicht der Herrscherstab von Juda noch der Fürstenstab von seinen Füßen, bis der kommt, dem er gebührt und dem der Völker Gehorsam gehört. An den Weinstock bindet er seinen Esel und an die Rebe seiner Eselin Junges. Er wäscht im Wein sein Kleid und im Traubenblut sein Gewand. Seine Augen sind dunkler als Wein, seine Zähne weißer als Milch."* (Hinweis auf den Heiligen Israels bzw. Jesus Christus) (4.1.1, Punkt 5) (4.2, Punkt i))

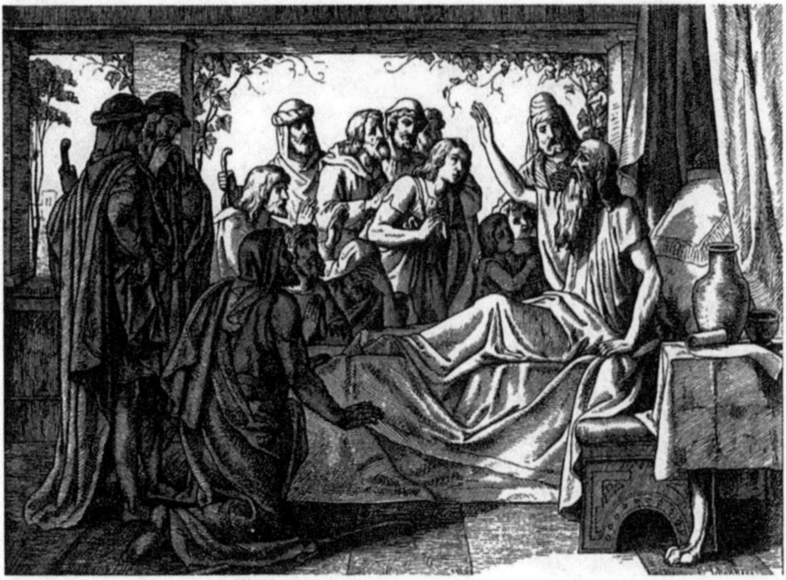

11. Mit den zwölf Stämmen Israels hatte die Geschichte des Bundesvolks begonnen, die durch Moses gefestigt werden sollte. Moses war aus Ägypten geflohen und lebte unweit eines „heiligen Berges" (Horeb), wo beim Hüten von Schafen er eine Vision erfuhr: Ihm erschien der Engel des Herrn im Feuer eines *Dornbuschs,* der nicht verbrannte (Ex 3.2). (4.2, Punkt h)) Moses erhielt den Auftrag, das Volk Israel aus der Knechtschaft in Ägypten zu befreien und ins Land der Verheißung - nach Kanaan - zurückzuführen.

12. Mit dem Dornbusch, den Moses brennen, jedoch nicht verbrennen sah, sind die *Dornen und Disteln* der Welt gemeint (4.1.1, Punkt 7). Gottes Wille und Menschen Wille sind häufig nicht vereint, wodurch *Feuer* entsteht, als Metapher für Versuchung, Prüfung, innere Kämpfe, aber auch für Verfolgung, Drangsal, Leiden. Auf der Suche nach Wahrheit *(Recht und Gerechtigkeit)* soll der Mensch die *Schlange* abwehren, soll Dornen und Disteln ertragen (stirb-besinne-werde/Sünde-Reue-Heilung, 4.2, Punkt f)), bis er geläutert ist an Gottes Wille - *erleuchtet(!)* durch Heiligen Geist.

13. Nach dem Aufbruch aus Ägypten und mühevollen Wegen durch karges Land erstieg Moses den Berg Horeb, um Gottes Gebote (Ex 20,1-17) zu empfangen. Als er vom Horeb hinabstieg, sah er das Volk frevelhaft tanzen, um ein goldenes Kalb (4.2, Punkt g)). Zornig warf er die Steintafeln mit den Geboten zu Boden, wo sie zerbrachen (Ex 32,19). Wegen der Gegenkräfte brachen Kämpfe aus, in denen Hunderte getötet wurden.

14. Am folgenden Tag sprach Moses zum Volk und belehrte es wegen der Sünden. Wieder stieg er den Berg hinauf und erbat vom Herrn neue Steintafeln. Nachdem das Volk bereut hatte und auf die Zehn Gebote eingeschworen war, wurde der Bund mit Gott geschlossen (Ex 34, 32). Erst

danach zogen alle weiter. Aber das Volk murrte wiederum, wurde rückfällig, sodass Moses die Pflichten strenger fassen musste. Auf der Basis der Zehn Gebote kam so das *mosaische Recht* (4.2, Punkte c) und d)) und die alttestamentliche Theokratie zustande *(mosaische Recht,* nicht mosaische Gesetz).

15. Alle Einzelheiten waren im *mosaischen Recht* geregelt: viele Riten und Nebensachen, was Jesus später kritisierte! Dennoch: Israel *(d. h. Stärke Gottes)* war zum Bundesvolk des Herrn geworden - um 1225 v. Chr.

4. 3. Anzustrebende Zuwächse (Lernziele) **im dritten Abschnitt**

a) Der Begriff des Rechts meint die Rechtsordnung als staatliche Einrichtung, sprich: die Gesamtheit der Vorschriften, die in bindender Weise das menschliche Gemeinschaftsleben regeln. Zur Rechtsordnung gehören die Rechtssetzung (Legislative), die vollziehende Gewalt (Exekutive) und die Rechtssprechung (Judikative). (Art. 1(3) Grundgesetz) (3.5, Punkt 1)

b) Im Zentrum der Rechtsordnung steht das veränderliche(!) Gesetz des Rechts (staatliche Gesetz). Komplementär zum absoluten(!) Gesetz der Natur soll es aufgebaut werden, gemäß der Forderung nach *Recht und Gerechtigkeit* (Abraham). Gegen menschliche Willenskräfte setzt sich das Gesetz der Natur blind durch (nicht im zuerkannten Spielraum, 4.2, Punkt e)).

c) Der Gleichheitssatz (Art. 1(3); 3 Grundgesetz) meint zweierlei: erstens *Gleichheit der Rechtssetzung* (Legislative: Staatsführung), zweitens *Gleichheit der Rechtsanwendung* (Exekutive und Judikative: Staat). Die Gleichheit der Rechtssetzung (Gesetzgebung) ist vorrangig (3.2, Punkt 2).

d) Die Schlange steht für Versuchung, Sünde, Verletzung der Person. Der Teufel, böse Drache, große Satan (Leviathan) stehen je für Versuchung, Sünde, Verletzung des Volkes bzw. der ganzen Welt. Bei Reue und Wiedergutmachung (Buße) ist *Heilung* möglich: Gott als Arzt. (4.2, Punkt g))

e) Der Heilige Israels bzw. Jesus Christus ist zuerst von Jakob vorhergesagt worden (4.2.1, Punkt 10), später von Moses, Jesaja, Jeremia, Micha, Daniel.

f) Bis zu König Saul hatte Israel keine weltlichen Könige. Saul konnte erst dann eine wichtige Entscheidung fällen (Krieg etc.), wenn Gott als oberster König ein *Zeichen* dafür gegeben hatte.

g) Über der Opferstätte Abrahams (im Land Morija) stand einst der Tempel der Juden. Jahrhunderte später ist der Felsendom dort errichtet worden (für alle Gläubigen dieser Welt).

4. 3. 1. Inhalte des dritten Abschnitts

1. Auf der Wanderung nach Kanaan fiel Israel immer wieder in Versuchung und Sünde. Da sandte der Herr „Schlangen" unter das Volk, an deren Bisse viele erkrankten (Verletzung am *Gesetz der Natur,* 3.4, Punkt 1 und Graphik). Weil das Volk seine Sünden bereut hatte, bat Moses um Vergebung. Der Herr antwortete: „Baue dir eine Schlange und befestige sie an einer Stange. Jeder, der gebissen worden ist, soll zu ihr aufblicken und er wird am Leben bleiben." (Sünde-Reue-Heilung, 4.3, Punkt d)) Da baute Moses eine *eherne Schlange* und richtete sie an einer Stange auf. Wer gebissen wurde (Sünde) und sie anblickte (Reue), blieb am Leben. (Num 21,8)

2. Gottes Wille wirkte auf Israel lenkend, das in Sünde gefallen war und *sich selbst(!)* verletzt hatte. Schon in der Geschichte über Adam und Eva tritt die Schlange als Metapher für Sünde auf (giftig, *doppelzüngig).* Mehr als tausend Jahre später bezichtigte sogar Jesus (Heiliger Israels, 4.2, Punkt i)) seine Widersacher als Natterngezücht (Jesus ist Jude gewesen).

3. Gegen Ende seines Lebens, als das *mosaische Recht* ganz ausgearbeitet war, rief Moses die Priester und Ältesten zu sich und gebot ihnen: „Ganz Israel sollt ihr nach Ablauf von je sieben Jahren dieses Gesetz (Recht!) laut vorlesen.“ (Dt 31,10-11) (4.2.1, Punkt 14)

4. Moses hörte Gott danach sprechen: Mein Volk werde ich in das Land der Verheißung (nach Kanaan) bringen, doch sie werden mich verlassen und den Bund mit mir brechen. Sie werden der Versuchung nicht widerstehen und fremde Götter anbeten (deren Gebote befolgen: Götzen-Gebote). An jenen Tagen wird mein Zorn gegen sie entbrennen und sie werden der Vertilgung preisgegeben. (Dt 31,16-17) (4.1.1, Punkt 11)

5. Schon Jakob hatte verkündet, wem *der Völker Gehorsam gehört* (4.2.1, Punkt 10). Diese alttestamentliche Weissagung erkennt man an Worten von Moses ebenfalls, die er vor seinem Tod gesprochen hat. Das Land Kanaan durfte er zwar noch schauen, jedoch nicht betreten.

6. Moses Weissagung: *„Einen Propheten gleich mir wird der Herr, dein Gott, aus deiner Mitte heraus, aus deinen Stammesbrüdern erstehen lassen; auf ihn sollt ihr hören ...“* (Dt 18,15-18). (Hinweis auf den Heiligen Israels bzw. Jesus Christus, 4.3, Punkt e))

7. Nachdem das Land Kanaan erobert und die Richterzeit beendet war, wurde Saul zum ersten König über Israel gewählt. Dass ein König über

Israel herrschen sollte, missfiel dem Propheten Samuel: Bisher war Gott allein der König von Israel gewesen, doch Gott ließ es zu. Denn Saul wusste, dass er als König keine wichtige Entscheidung fällen durfte, ehe nicht Gott das *Zeichen* dafür gegeben hatte (4.3, Punkt f)). Weil er dagegen verstieß, war sein Königtum gefährdet. Sein Nachfolger David (Stamm, Haus Juda) verletzte diese heilige Regel ebenfalls, *bereute* jedoch seine Tat.

8. König David (um 1000 v. Chr.) stammte aus *Bethlehem* im Lande *Juda* (4.2.1, Punkt 10). Er hatte sich jahrelang vor den Häschern Sauls verbergen müssen, hatte kämpfen und fliehen müssen. Seine Klage und Not, seine Ängste und Zweifel brachte er vor Gott. Mitten in der Gefahr rühmte er Gott, dessen Trost, Geist und Schutz. Einer dieser Psalme lautet:

9. „Der Herr ist mein Hirte, mir wird nichts mangeln. / Er weidet mich auf einer grünen Aue und führet mich zum frischen Wasser. / Er erquicket meine Seele. Er führet mich auf rechter Straße um seines Namens willen. / Und ob ich schon wanderte im finstern Tal, fürchte ich kein Unglück; / denn du bist bei mir, dein Stecken und Stab trösten mich. / Du bereitest vor mir einen Tisch im Angesicht meiner Feinde. / Du salbest mein Haupt mit Öl und schenkest mir voll ein. / Gutes und Barmherzigkeit werden mir folgen mein Leben lang, / und ich werde bleiben im Hause des Herrn immerdar.“ (Ps 23)

10. Als Saul gestorben war, wurde David zum König über ganz Israel gesalbt. David hatte überlegt, welchen Ort er für seine Hauptstadt wählen

sollte. Er wählte Jebus (Opferstätte Abrahams im Land Morija) und die Burg Zion (2 Sam 5,6-9), die auf einem Berge stand, der nach zwei Seiten hin steil abfiel. Von der schmalen Seite aus konnte die Stadt nur erreicht werden. Doch diese Seite war stark befestigt. Niemand glaubte, dass Jebus (Jerusalem, Tempelberg, 4.3, Punkt g)) jemals erobert werden könnte.

11. Zur Opferstätte Abrahams brachte man Gottes Lade mit den Steintafeln (4.2.1, Punkt 14). David setzte sich vor die Lade und sprach zu Gott: „Wer bin ich, Herr und Gott? Und was ist meine Familie, dass du mich bis hierher geführt hast? Für zu wenig hast du das noch gehalten. Dem Hause deines Knechtes hast du auch für ferne Zukunft Verheißungen gegeben (4.2.1, Punkt 10) ... So segne es, damit es immer vor dir bleibe." (2 Sam 7,18-29)

12. Davids Palast lag höher als seine Nachbarhäuser. Von oben sah er eines Tages in den Hof eines Mannes, eines Getreuen aus den Jahren, als König Saul ihn verfolgt hatte. Die Frau des Getreuen war gerade dabei, sich zu baden. David schickte nach der Frau und beging Ehebruch mit ihr (Strafe damals: Tod). Bald darauf merkte die Frau, dass sie von David schwanger war. König David ließ ihren Ehemann töten. (2 Sam 11)

13. Gott sandte den Propheten Nathan mit einer Botschaft zu David: „In einer Stadt lebten zwei Männer. Der eine war reich, der andere war arm. Der Reiche hatte Schafe und Rinder in großen Mengen. Der Arme hatte nur ein einziges Lamm, das er redlich erworben hatte. In seinem Haus, bei seinen Kindern wuchs es auf. Es aß von seinen Bissen, trank aus seinem Becher und schlief auf seinem Schoß. Es war ihm wie eine Tochter. Da bekam der Reiche eines Tages Besuch. Es tat ihm leid, von seinen eigenen Schafen oder Rindern eines zu nehmen und es dem Wanderer, der zu ihm gekommen war, zu bereiten. So nahm er das Lamm des armen Mannes und richtete es für seinen Gast zu."

14. Als David diesen Bericht gehört hatte, wurde er zornig. Er antwortete: „So wahr Gott lebt, der Mann, der das getan hat, ist ein Kind des Todes ..." Da sprach Nathan: „Du bist der Mann! So spricht der Herr, der Gott Israels: Ich habe dich zum König über Israel gesalbt, habe dich aus Sauls Hand gerettet. Ich gab dir das Haus deines Herrn und die Frauen deines Herrn in deinen Schoß. Ich gab dir das Haus Israel und Juda ... Warum hast du das Wort des Herrn missachtet ...? Mord und Ehebruch hast du begangen! Da antwortete David: „Ich habe gesündigt gegen Gott, den Herrn" (Reue). Nathan sprach: „Gott vergibt dir deine Sünden ... Nun aber wird das Schwert von deinem Hause nimmer weichen ... Aus deinem eigenen Hause lasse ich Unheil über dich entstehen!" (2 Sam 12,1-14)

15. Davids letzte Worte waren: „Der Geist des Herrn (Heiliger Geist) hat mir offenbart, ... der Fels Israels (Opferstätte Abrahams) hat mir verkündet: ‚Wer *gerecht* über Menschen herrscht, ... der ist wie das Licht bei Sonnenaufgang an einem wolkenfreien Morgen ...'" (2 Sam 23,2-4) (4.1.1, Punkt 12).

4. 4. Anzustrebende Zuwächse (Lernziele) **im vierten Abschnitt**

a) Kein Volk hat sich selbst und seine Könige so stark kritisiert und so tragisch scheitern lassen wie das Volk Israel. *Nicht so sehr die Person, vielmehr das Recht ist kritisiert worden* (4.3, Punkte a) und b)).

b) Not und Leid entsprechen dem *dialektischen DREISCHRITT* und zielen auf höheres Bewusstsein sowohl der Person als auch der Gesellschaft als auch der Welt insgesamt, die der *Erlösung* bzw. *Heilung* je bedürfen (4.1, Punkt h)). Von daher kann die Ur- und Erlösungsgeschichte verstanden werden bzw. der Erlösungsplan (5.1. Evangelium Jesu).

c) Gott ist verborgen, unvorstellbar, unaussprechlich. Die Person ebenso wie das Volk (Gesellschaft) soll ihm vertrauen, gehorchen - im Wissen um das göttliche Liebesgebot - unerschütterlich!

d) Die höchste Gabe, die man seit frühestem Religionsverständnis zu bieten hatte, war das Opfer der Erstgeburt - bis zu Abraham (4.2.1, Punkt 3).

e) Die Geschichte über Jona ist ein Hinweis auf den Höhepunkt der Erlösungsgeschichte bzw. deren Erfüllung durch Jesus Christus (Erlösungsplan). Mit verschlüsselten Worten hat Jesus vom *dialektischen* DREISCHRITT gesprochen: vom *ersten* Tag (stirb), vom *zweiten* Tag (besinne), vom *dritten* Tag (werde/auferstehe). Das Evangelium Jesu soll vorrangig im geistigen Sinn aufgefasst werden (4.2, Punkt f)) (4.2.1, Punkte 2 und 4).

f) Der *Erlösungsplan* lässt sich auf die Person, auf das Volk, auf die Welt insgesamt beziehen. Wird er auf das Volk bezogen, dann sind die Jahre der Verstockung durch Jesaja der sogenannte „erste Tag", die Jahre der Verschleppung durch Assyrien und Babylonien der sogenannte „zweite Tag", die Zeiten der Belehrung durch Jesus Christus der sogenannte „dritte Tag".

g) Wird der *Erlösungsplan* auf die Person bezogen, dann beginnt die Erlösungsgeschichte ständig neu, wird er auf die Welt insgesamt bezogen, dann endet die Erlösungsgeschichte am Todestag des großen Satans, des bösen Drachens (Leviathans), mit der Wiederkehr Jesu Christi (Walten der *obersten Idee,* 5.1. Evangelium Jesu, erste Seite), oder anders: Walten des modifizierten *Hegel*schen *„Weltgeistes",* 3.7, Punkt 5).

4. 4. 1. Inhalte des vierten Abschnitts

1. Zu Davids Zeiten wurden Dokumente über Geschehnisse aus früheren Zeiten angefertigt, wie in anderen Königreichen. Während die Geschichtsschreiber dieser Reiche ihre Könige und deren Taten rühmten, rühmte man in Israel die großen Taten Gottes, wobei die Sünden Israels und die seiner Könige miterwähnt wurden. *Kein Volk hat sich selbst und seine Könige so stark kritisiert und so tragisch scheitern lassen wie Israel* (4.4, Punkt a)).

2. Schon unter Salomo - Davids Nachfolger - gab es Propheten, die der Frage nachgingen, warum Gott in der von ihm erbauten Welt so viel Leid zugelassen hat (4.1.1, Punkt 7). Allmählich wuchs die Erkenntnis, was Gott beschlossen hat (Theodizee). So entstand die Urgeschichte von der Erschaffung der Welt, dann die Erlösungsgeschichte aus *uralten Weisheiten,* schließlich der Erlösungsplan und die Vorstellung vom überirdischen Ziel (himmlisches Paradies, neuer Himmel und neue Erde, 4.1, Punkt e)).

3. Unter Salomo wurde der Tempel als „Haus Gottes" erbaut - *über dem Fels, auf dem Abraham seinen Sohn hatte opfern sollen* (4.3, Punkt g)). Die Lade mit den Steintafeln, die man seit der Geschehnisse am Horeb vor sich her getragen hatte, stellte man in das Allerheiligste, in den dunklen Raum über dem Fels. König Salomo breitete seine Hände aus, segnete das Volk und sprach: „Herr, du Gott Israels, kein Gott ist gleich dir ... der Himmel und

die Himmel der Himmel fassen dich nicht (Gott als Unaussprechliches), wie viel weniger dieses Haus, das ich erbaut habe!“ (3 Kön 8,23-27)

4. Zu Davids und Salomos Zeiten wurde Israels Macht immer größer. Das Reich konnte sich entfalten und ermöglichte ungewohnten Wohlstand. Gegen Ende seiner Regierungszeit aber ließ Salomo es zu, dass fremde Götter angebetet wurden - ein Verstoß gegen das erste Gebot auf den Steintafeln, die im dunklen Raum über Abrahams Opferstätte lagen. Das Reich schwächte sich selbst, zerfiel in einen Nordstaat *Israel* und in einen Südstaat *Juda* mit je einem König. Das Wort des Propheten Nathan wurde mehr und mehr wahr: „Nun aber wird das Schwert von deinem Hause nimmer weichen. Aus deinem eigenen Hause lasse ich Unheil über dich entstehen!“

5. In Mesopotamien war inzwischen das Reich der Assyrer herangewachsen. In *Israel* wurde nicht erkannt, welch gefährlicher Feind in Mesopotamien herangewachsen war. Immer weiter breitete Assyrien sich nach allen Seiten hin aus. Machtvoll waren seine Hauptstadt Ninive und deren große Bibliothek mit Schriftrollen und Tontafeln.

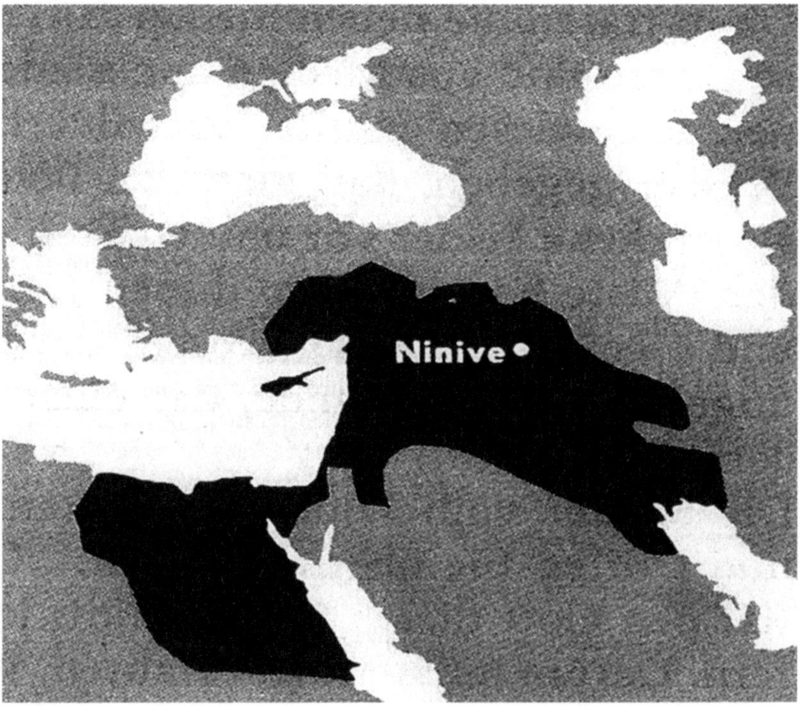

6. Jahrzehnte später erzählte man sich, dass Gott den Propheten Jona mit einer Botschaft gegen Sünde nach Ninive gesandt hatte. Jona aber weigerte sich, *sagte nein* und bestieg ein Schiff. Unterwegs ließ Gott einen heftigen Sturm aufkommen, der das Meer aufpeitschte. Schiff und Mannschaft drohten unterzugehen. Schließlich warf man Jona ins Meer, wo ein großer Fisch ihn verschlang. Drei Tage lag er im Bauch des Fisches (stirb-besinne-werde/auferstehe). Am *„dritten Tag"* spie der Fisch ihn aus. Jona machte sich auf und ging in die Stadt Ninive, wie Gott es befohlen hatte. Nachdem er die Botschaft verkündet und sich zurückgezogen hatte, geschah Unerwartetes: Die Bewohner Ninives *bereuten(!)* ihre bösen Taten und ließen sich bekehren (Jon 1-3) (4.4, Punkt e)).

7. Seit der Spaltung in zwei Reiche (Israel-Juda, 926 v. Chr.) hatte kein König des Nordreichs (Israel) nach Gottes Geboten gefragt. Jeder tat, was er für vorteilhaft hielt. Man fiel zurück in Götzendienste, opferte Kinder und verbrannte sie auf Altären (gemäß Götzen-Geboten). (4.4, Punkt d))

8. Zuerst sandte Gott eine Botschaft ins Nordreich Israel - durch den Propheten Amos: „Deine Frau wird in der Stadt zur Dirne, deine Söhne und Töchter fallen durch das Schwert, dein Grundbesitz wird mit der Messschnur aufgeteilt, du selbst stirbst im unreinen Land, und Israel muss in die Verbannung ziehen, hinweg von seinem Heimatland." (Amos 7,17)

9. Der Prophet Jesaja erhielt schließlich folgende Offenbarung: *„Geh und rede zu diesem Volke da: Höret, höret, aber versteht es nicht; sehet, sehet, aber erkennt es nicht! Mache das Herz dieses Volkes verstockt, seine Ohren verhärtet und seine Augen verblendet, dass ... sein Herz nicht zur Einsicht komme und es wieder Heilung finde!"* (4.1.1, Punkte 9 bis 11)

10. Jesaja fragte: „Herr, wie lange?" Gott sprach: *„Bis dass die Städte verödet, die Häuser menschenleer sind und das Ackerland zur Wüste geworden ist. Der Herr wird die Menschen entfernen; groß wird die Verlassenheit sein. Und bleibt noch ein Zehntel übrig, so verfällt auch dies der Vertilgung - einer Eiche und Linde gleich, von denen beim Fällen nur ein Stumpf bleibt. Heiliger Samen wird dieser Stumpf sein."* (Hinweis auf den Heiligen Israels bzw. Jesus Christus bzw. die *neue Gottesgemeinde,* Jes 6,9-13) (4.3, Punkt e)) (4.3.1, Punkt 4)

11. Jesaja befolgte die Offenbarung: *„Starrt euch gegenseitig an und erstarret, verblendet euch und werdet blind! Berauscht euch, doch nicht vom Wein, torkelt nur, doch nicht vom Rauschtrank! Denn ausgegossen hat über euch der Herr einen Geist der Betäubung, eure Augen (die Prophe-*

ten) verschloss er, eure Häupter (die Seher) hat er verhüllt.“ (Beginn der Verstockung, Jes 29,9-10)

12. Im Südreich Juda herrschte ebenfalls Sünde: Gottes Gebote zum Schutz der Armen wurden wenig beachtet. Das empörte den Propheten Micha. Im *mosaischen Recht* (4.2.1, Punkt 14) war festgelegt worden, dass der Grundbesitz gleichmäßig verteilt sein sollte. Niemand durfte sich auf Kosten armer Bauern großen Landbesitz aneignen. Micha sprach: „Höret doch, ihr Fürsten aus Jakob und ihr Richter des Volkes Israel: Das *Recht* (4.4, Punkt a)) verabscheut ihr, alles Gerade macht ihr krumm. Eure Priester unterweisen um Lohn, eure Propheten wahrsagen um Geld.“ (Mich 3,9-11)

13. Micha hoffte, dass ein König gleich David kommen und das Reich regieren werde. *„Du aber Bethlehem ..., klein unter den Gauen Judas - aus dir soll einer mir kommen, um Herrscher in Israel zu sein. Sein Ursprung reicht weit zurück, in die Tage der Urzeit* (4.1.1, Punkt 5) (4.3, Punkt e)). Gott gibt sie preis, bis die Gebärende (Jungfrau) ihn geboren hat und der Rest(!) seiner Brüder zurückkehrt zu den Söhnen Israels.“ (Mich 5,1-2)

14. Im Südreich Juda wurden viele nachdenklich. Doch das *Gesetz des Rechts* (4.2, Punkte c) und d)) wollten sie nicht verändern. Micha sprach: Weh denen, die Unrecht planen auf ihren Lagern! Beim Morgenlicht führen sie es aus. Sie gieren nach Land- und Hausbesitz und bringen es an sich. Wehrlose treiben sie aus dem Haus, ihr Erbgut reißen sie auseinander. Willkürlich missbrauchen sie ihre Macht. (Mich 2,1-2)

15. Das geteilte Reich (Eiche-Linde) musste untergehen. Zuerst wurde das Nordreich *Israel* von den Assyrern erobert (722 v. Chr.), später das Südreich *Juda* von den Babyloniern (597/587 v. Chr.). Die meisten im verstockten Reich wurden getötet oder nach Assyrien und Babylonien verschleppt, zwecks *Heilung* des noch lebenden „Stumpfs“ bzw. „Rests“ (Sünde-Reue-Heilung/Erlösung, 4.4, Punkt f)).

4. 5. Anzustrebende Zuwächse (Lernziele) im fünften Abschnitt

a) Der jeweilige Übungsleiter sollte über die Zuwächse im fünften Abschnitt selbst entscheiden. Zuwächse bezüglich der Punkte 2 und 4 sowie 10 und 11 sollten aber erreicht werden!

4. 5. 1. Inhalte des fünften Abschnitts

1. Jerusalem war erobert, der Tempel zerstört und der Tempelschatz nach Babylon gebracht worden. Gefangenen wurden Ringe durch die Oberlippen

gezogen. König Zedekia musste mitansehen, wie seine Fürsten und Söhne hingerichtet wurden. Er selbst wurde anschließend geblendet (Jer 51,9-11).

2. Noch vor dem Fall Jerusalems wurde Jeremia von Gott zum Propheten berufen. Er hatte Angst vor der schweren Aufgabe, ähnlich wie Jona (4.4.1, Punkt 6), sagte aber *nicht nein!* Den Untergang sollte er verkünden, aber auch den Weg zur Heilung (stirb-besinne-werde bzw. Sünde-Reue-Heilung). Dieser Auftrag war gegen sein ganzes Volk gerichtet, gegen Könige, Würdenträger, Priester und Propheten, ja gegen die eigene Verwandtschaft. So entstanden hochpolitische Kämpfe bis zu seinem Tod. Ein Vergleich mit seinem Nachfolger: dem *„Erfüller"* Jesu Christi, drängt sich hier auf!

3. Nach dem Fall von Jerusalem brachen landesweit Seuchen und Hungersnöte aus. Jeremia riet dem Volk, sich der fremden Macht zu beugen, bis die Zeit der Babylonier beendet würde und sie selbst anderen Völkern dienen müssten (Persern ...). Danach sprach er zu Oberen des Volkes, warf Worte des Herrn ihnen vor. Nur der *Anfang(!)* dieser heftigen Anklage:

4. *Wehe euch Hirten! Ihr habt meine Herde zerstreut und verstoßen und nicht nach ihr gesehen. Siehe, ich will euch heimsuchen um eurer bösen Taten willen, spricht der Herr. Aus allen Ländern will ich die Reste meiner Herde sammeln und zurückbringen auf ihre Weiden, dass sie wachsen und*

viele werden. Neue Hirten will ich über sie setzen, die sie weiden sollen, dass sie sich nicht mehr fürchten noch erschrecken noch heimgesucht werden, spricht der Herr ... (Jer 23,1-40) (3.5, Punkte 2 bis 5)

5. An die Verschleppten in Babylon schrieb Jeremia einen Brief: „So spricht der Herr: ‚Lasst euch nicht täuschen von euren Propheten, die unter euch sind, und von euren Wahrsagern! Höret nicht auf ihre Träume, die sie träumen! Denn Lüge ist, was sie euch in meinem Namen weissagen! Ich habe sie nicht gesandt.'" (Jer 29,8-9)

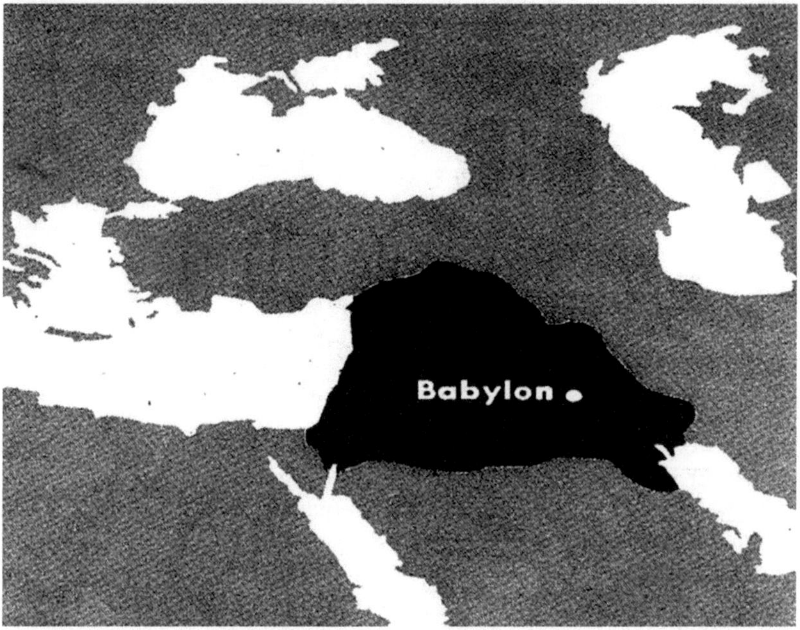

6. Von den Göttern der Nachbarvölker hatten viele der Verschleppten zwar gehört. Nun jedoch sahen sie die gewaltigen Tempel in Babylonien selbst. Ihr eigener Tempel war dagegen nur ein schlichter, kleiner Bau.

7. Sie ließen sich die Geschichten der babylonischen Götter erzählen, die von der Sündflut, vom Turmbau zu Babel usw. Sie erkannten: Die Welt ist nur von einem Gott erschaffen worden, an dessen Wille sie *sich selbst(!)* verletzt und getötet hatten (3.4, Punkt 2). Sie hielten Zwiesprache mit Gott, hörten Gott sprechen: Vor mir ist kein Gott gewesen, und nach mir wird keiner sein. „Ich bin der Erste, und ich bin der Letzte, und außer mir gibt es keinen Gott!" (Jes 44,7)

8. Sie durchdachten ihre eigene Geschichte, *bereuten* ihre bösen Taten. Sie erkannten Gottes Treue zu ihnen, hörten Gott zu ihnen sprechen: *„Fürchte dich nicht, denn ich erlöse dich, rufe dich beim Namen, du bist mein! Wenn du durch Wasser schreitest, will ich bei dir sein, dass dich die Ströme nicht ersäufen sollen; und wenn du ins Feuer gehst, sollst du nicht brennen, und die Flamme soll dich nicht versengen ... Fürchte dich nicht, denn ich bin bei dir! ... Ich bin der Herr, dein Gott ...“* (Jes 43,1-5) (4.4, Punkt c)).

9. An Gottes Wille waren sie gescheitert, hatten *sich selbst* an ihm verletzt. Gottes Wille wollten sie befolgen. Das Wissen von der *ehernen Schlange* (4.3.1, Punkt 1) wollten sie verbreiten. Gott hatten sie sprechen gehört, vom Heiligen Israels bzw. Jesu Christi, der selbst zu ihnen sprechen würde.

10. Gott: *„Siehe, das ist mein Knecht - ich halte ihn - und mein Auserwählter, an dem meine Seele Wohlgefallen hat. Ich habe ihm meinen Geist gegeben; er wird das Recht unter die Heiden bringen. Er wird nicht schreien noch rufen, und seine Stimme wird man nicht hören auf den Gassen. Das geknickte Rohr wird er nicht zerbrechen und den glimmenden Docht wird er nicht auslöschen. In Treue trägt er das Recht hinaus. Er selbst wird nicht verlöschen und nicht zerbrechen, bis er auf Erden(!) das Recht aufrichte (4.3, Punkte a) bis c)); die Inseln warten auf seine Weisung.“* (Jes 42,1-4)

11. Heiliger Israels bzw. Jesus Christus: *„Höret auf mich ihr Inseln, merket auf ihr Völker der Ferne! Der Herr hat mich berufen vom Mutterleib her; hat meinen Namen vom Mutterschoß an genannt. Er hat meinen Mund wie ein scharfes Schwert gemacht, mit dem Schatten seiner Hand hat er mich bedeckt. Er hat mich zum blanken Pfeil gemacht und in seinem Köcher verwahrt ... Er hat gesprochen: ‚Zu wenig ist's, dass du mein Knecht bist, die Stämme Jakobs aufzurichten und die Zerstreuten Israels heimzuholen. Ich habe dich vielmehr zum Lichte der Völker gemacht, damit mein Heil (Erlösung) reiche bis ans Ende der Welt.'“* (Jes 49,1-6) (4.4, Punkte f) u. g))

12. Besonders in Babylonien hatte man begonnen, alte Schriftstücke zu sammeln und Kontakte zur Heimat aufzubauen. Wertvolle Schriftrollen waren in Jerusalem entdeckt worden. Manche stammten noch aus der Zeit der Wüstenwanderung, in der Gott dem Volk Israel seine Gebote bzw. Gesetze durch Moses gegeben hatte - gemeinsam mit den Bildern *„eherne Schlange“* und *„Dornen und Disteln“*. Als Israel zu einem Königreich geworden war, hatte man neue Gesetze hinzufügen und alte überarbeiten müssen. Die neuen Gesetze sagten, wie Israel die Gebote Gottes erfüllen konnte. Man kam schließlich überein, die Gebote bzw. Rechte des Bundes, die man übertreten hatte, wieder zu befolgen.

13. Voll Abscheu (Reue!) erinnerte man Altäre, auf denen Manasse, ihr früherer König, unschuldige Kinder hatte opfern lassen (Götzen-Gebote). Zu den großen Festtagen sollte das Volk nach Jerusalem kommen. An anderen Orten sollte der Gottesdienst - ohne Opfer - in Synagogen stattfinden.

14. Unter den Verschleppten in Babylonien lebte ein Prophet, den man den zweiten Jesaja nennt. Durch ihn sind wichtige Geschehnisse verknüpft worden, sprich: solche während der assyrischen Herrschaft und solche während der babylonischen Herrschaft. (4.4.1, Punkt 15)

15. Der erste Jesaja (Kapitel 1-39) lebte in Jerusalem. Zu seiner Zeit stieg Assyrien zur Großmacht auf. Er hat gegen Götzendienst, Sittenverfall und Politik gekämpft, die Macht und Stärke betont hat. Sein Hoffen ist am „Stumpf" orientiert, am „heiligen Samen" der *neuen Gottesgemeinde* (4.4.1, Punkt 10). Der Heilige Israels (Jesus Christus) ist zum Mittelpunkt geworden: *„Die Jungfrau (Maria) wird empfangen und einen Sohn gebären, der Immanuel genannt wird." (Gott mit uns, Jes 7,14)*

16. Die Jungfrau - von Evas Samen her - wird den Heiligen Israels (Jesus Christus) gebären: Der Schlange (Leviathan) wird er den Kopf zertreten (4.1.1, Punkt 5). Oder anders: Die Ur- und Erlösungsgeschichte wird durch den Heiligen Israels (Jesus Christus) und seine Opferbereitschaft zum Höhepunkt getrieben, wird durch ihn sich erfüllen. Der *Erlösungsplan (5.1. Evangelium Jesu)* wird all jenen angeboten, die guten Willens sind.

17. Worte des Herrn: „Ich war zu erfragen für jene, die mich nicht begehrten, ich war zu finden für die, die mich nicht suchten ... Ständig breitete ich meine Hände aus nach einem abtrünnigen und widerspenstigen Volk ... Denn seht, einen *neuen Himmel* und eine *neue Erde* erschaffe ich, dass man der vorigen nicht mehr gedenken und sie nicht mehr in den Sinn nehmen wird." (Jes 65,1-17) (4.1.1, Punkt 3)

4. 6. Anzustrebende Zuwächse (Lernziele) im sechsten Abschnitt

a) Der jeweilige Übungsleiter sollte über die Zuwächse selbst entscheiden, sollte sie frei „entstehen" lassen, mit Blick auf Verknüpfungspunkte in allen Abschnitten. Doch folgende Hinweise seien empfohlen:

b) Über die Punkte 4 und 5 sowie 6 g) und 11 sollte geredet werden. Schon zwei Tausend Jahre währt der *Neue Bund,* nämlich seit Jesus Christus.

c) Jesus Christus hat das Vorbild „Abraham" erfüllt, ist verfolgt, mit *Dornenkrone* gekreuzigt und am „dritten Tag" auferweckt worden - was dem *dialektischen DREISCHRITT* entspricht (4.2.1, Punkt 2).

d) Über das *„Evangelium an die Heiden"* sollte erneut geredet werden, über fehlende Freiheit[2] und doppelte Prädestination (3.5, Punkte 2 bis 5). Hauptsächlich der Calvinismus (reformierte Kirche) folgt dieser Denkrichtung.

e) Mit dem *„Evangelium an die Heiden"* ist Krieg und Gewalt weiterhin vereinbar (4.4.1, Punkte 9 und 11), nicht hingegen mit dem *Evangelium Jesu,* das zur sittlichen Freiheit auffordert - persönlich wie gesellschaftlich -, hin zum himmlischen Paradies.

4. 6. 1. Inhalte des sechsten Abschnitts

1. Zur *Erlösungsgeschichte* und zum *Erlösungsplan* gehört das Vorbild „Abraham", womit Opferbereitschaft verdeutlicht worden ist - im dialektischen Sinn (stirb-besinne-werde). Der Heilige Israels (Jesus Christus) wird leiden müssen (4.1.1, Punkt 7) - ähnlich seine Nachfolger (Märtyrer), die Zeugnisse für Opferbereitschaft ablegen werden.

2. Nach christlicher Lehre wurde der Heilige Israels bzw. Jesus Christus in *Bethlehem* geboren (4.3.1, Punkt 8), mit *Dornenkrone* gekreuzigt und am „dritten Tag“ auferweckt - der Sündhaftigkeit der Welt wegen. Jahrhunderte vor seiner Geburt ist sein Leid, sein Tod und seine Auferstehung vorhergesagt worden - als Ende des *Alten Bunds* und Beginn des *Neuen Bunds!*

3. Dem zweiten Jesaja ist das „Dornenbild“ offenbart worden: *„ ... wem ward der Arm des Herrn offenbart? Vor ihm wuchs er auf wie ein junger Trieb, wie eine Wurzel aus Dürrland. Keine Gestalt hatte er und keine Schönheit, dass wir nach ihm geschaut hätten, kein Aussehen, dass uns gefallen hätte. Doch unsere Krankheiten trug er, unsere Schmerzen lud er sich auf ... Wir hielten ihn für einen Getroffenen, von Gott Geschlagenen und Niedergebeugten. Doch unserer Frevel wegen wurde er durchbohrt, unserer Missetaten wegen wurde er zerschlagen ... Darum werde ich (der Herr) ihm seinen Anteil unter den Vielen geben, mit den Zahlreichen wird er den*

Erwerb teilen, dafür, dass er sein Leben in den Tod dahingab und sich unter die Frevler zählen ließ. Und doch trug er die Sünden der Vielen und trat für die Abtrünnigen ein. " (Jes 53,1-12) (4.5.1, Punkte 10 und 11)

4. Als Verschleppter lebte auch Hesekiel in Babylon, ein Prophet, der den *Neuen Bund* anklingen ließ. Ein Sohn, so Hesekiel, soll nicht die Missetat seines Vaters tragen, und ein Vater soll nicht die Missetat seines Sohnes tragen. Jeder soll seine eigene Schuld verantworten (Hes 18,20).

5. Ähnlich Jeremia (4.5.1, Punkt 2), der „Vorgänger" Jesu Christi bzw. Künder des *Neuen Bunds:* „Die Väter aßen unreife Trauben, und den Söhnen werden die Zähne stumpf. Nein, ein jeder stirbt durch eigene Schuld. Wer unreife Trauben isst, nur dem werden die Zähne stumpf!" (Jer 31,29-30)

6. Jeremia erhielt den Auftrag, alle ihm gegebenen Worte in ein Buch zu schreiben (Jer 30,2). Die wichtigsten davon seien hier genannt, solche, die den *Neuen Bund* prophezeit haben (5.1. Evangelium Jesu).

*

6a) Verletzung am Gesetz der Natur: „Deine *eigene Bosheit* bestraft dich, dein Abfall ist's, der dich züchtig." (Jer 2,19) (4.2. Punkt c)) (4.3.1, Punkt 1)

6b) Israel bereut und spricht: „... nach meiner Umkehr empfinde ich *Reue;* nachdem ich zur Einsicht kam, schlage ich an meine Brust. Ich schäme mich und erröte; denn ich *büße(!)* die Schandtat meiner Jugend." (Jer 31,19)

6c) Barmherzigkeit: „Tage werden kommen - Spruch des Herrn - da wende ich das Schicksal meines Volkes Israel und Juda. Ich führe sie zurück in das Land, das ich ihren Vätern zum Besitz verliehen habe.“ (Jer 30,3)

6d) *Recht und Gerechtigkeit (Abraham):* „Bessert euren Wandel und eure Werke ... wenn ihr wirklich untereinander *Recht* schafft, ... dann lasse ich euch an dieser Stätte wohnen ...“ (Jer 7,3-7) (4.1.1, Punkt 12).

6e) Ritus und *Recht:* „Euren Vätern habe ich, als ich sie aus Ägypten herausführte, über Schlacht- und Brandopfer (Ritus) nichts geboten! Vielmehr gab ich ihnen dieses Gebot: ‚Höret auf meine Stimme, so will ich euer Gott sein, und ihr sollt mein Volk sein; wandelt ganz den Weg, den ich euch gebiete *(Recht),* damit es euch wohl ergehe!’“ (Jer 7,22-23) (4.2, Punkt e))

6f) Heiliger Israels bzw. Jesus Christus: „Fürwahr, Tage werden kommen, da lasse ich dem David einen gerechten Spross erstehen (4.3, Punkt e)); als König wird er weise regieren, im Lande *Recht und Gerechtigkeit* schaffen.“ (Jer 23,5) (4.3, Punkte a) bis c))

6g) *Der Neue Bund* (nicht länger Verzeihung durch *Sündenböcke* und *Blut):* „Fürwahr, Tage kommen, da schließe ich mit dem Haus Israel und dem Haus Juda einen neuen Bund, nicht dem Bunde gleich, den ich mit ihren Vätern schloss, als ich sie bei der Hand nahm, um sie aus dem Lande Ägypten herauszuführen. Sie waren es ja, die meinen Bund brachen, während ich die Herrschaft über sie ausübte (3.4, Punkt 1) ... Der neue Bund, den ich mit dem Hause Israel schließen werde, soll so sein: *Ich lege mein Gesetz in ihr*

Inneres[3] *(Gewissen, natürliches Sittengesetz) und schreibe es ihnen ins Herz (Reich Gottes im Herzen*[4]*) ... Dann brauchen sie nicht mehr sich gegenseitig zu belehren ... Ja, ich verzeihe ihre Schuld und ihrer Sünde gedenke ich nicht mehr.* " (Jer 31,31-34). Natürlich ihrer *Reue* wegen! (4.3.1, Punkt 1)

*

7. Um die Mitte des 5. Jahrhunderts wurde die Macht Babyloniens immer schwächer. Persien besiegte Babylonien und expandierte zu allen Seiten. Der König von Persien ließ verlauten, dass Gott ihn beauftragt habe, ein Haus in Jerusalem bauen zu lassen. Jedem der Verbannten wurde erlaubt, in sein Heimatland zurückzukehren, was viele taten, andere, die sich schon verwurzelt hatten, blieben in Babylonien. Unter den Rückwanderern befanden sich auch Nachkommen aus dem Hause Davids.

8. Als nach Jahren mühevoller Arbeit der Tempel errichtet worden war, wurde der Gottesdienst neu geordnet. Wie schon beschlossen, durften Opfer nur im Tempel dargebracht werden. An allen übrigen Orten fand der Gottesdienst ohne Opfer in Synagogen statt. Im Tempel wurden auch junge Männer unterrichte (Jesus Christus?), die Schriftgelehrte werden wollten.

9. Nach dem Untergang des Perserreichs geriet Israel und Juda unter die Herrschaft verschiedener Mächte - bis zur Römerzeit. Der zweite Tempel war in der Zwischenzeit zerstört und wieder aufgebaut worden (165 v. Chr.).

10. Um diese Zeit wurde im Lande Juda ein Buch verfasst, das vom Propheten Daniel handelt, der in Babylon gelebt hatte. Der Inhalt des Buchs (mythisch-esoterisch) lässt sich wie folgt bündeln: Wenn ihr auf Gott und seinen Geist baut, so seid ihr frei,[4] es sei im Leben oder im Tod. (Engel des Herrn/ erstmals *Gabriel* als Bote Gottes, Dan 3,49/8,16/9,21) (4.2.1, Punkt 8)

11. Vom Heiligen Israels bzw. Jesus Christus hat Daniel auch geredet: „Ich schaute in Nachtgesichten, mit den *Wolken* des Himmels kam einer, der aussah wie ein *Menschen-sohn* (4.2.1, Punkt 4). Er gelangte bis zum Hochbetagten und wurde vor ihn geführt. Ihm verlieh man Herrschaft, Würde, Königtum; alle Völker, Stämme, Sprachen dienten ihm. *Seine Herrschaft ist eine ewige, unvergängliche Herrschaft, sein Reich wird nie zerstört.* " (Reich Gottes im Herzen und unter uns[4], 5.1. Evangelium Jesu, Dan 7,13-14)

12. Jesaja hatte prophezeit: „Siehe, ein König wird in *Gerechtigkeit* herrschen, Fürsten werden nach *Recht* regieren (4.1.1, Punkt 12) (4.3, Punkte a) bis c)) ... Da sind die Augen der Sehenden nicht mehr blind, die Ohren der Hörer sind gespannt. Das Herz der Unbesonnnen kommt zur Einsicht, die Zunge der Stotterer redet klar. Nicht mehr bezeichnet man Toren als Fürsten und Betrüger als Edle." (Ende der Verstockung allgemein, Jes 32,1-5)

13. Worte Gottes an die Schlange werden sich erfüllen: „Zu dieser Zeit wird der Herr Vergeltung üben mit seinem harten, großen und starken Schwert an Leviathan, der flüchtigen Schlange und an Leviathan, der gewundenen Schlange, und er wird den Drachen im Meer töten." (Jes 27,1) (4.1.1, Punkt 5) (4.4, Punkte f) und g)) (4.5.1, Punkt 17)

14. „Am Ende der Tage wird es geschehen: Da steht der Berg des Hauses des Herrn an der Spitze der Berge festgegründet, ragend über die Hügel, und alle Völker strömen zu ihm. Viele Nationen pilgern und sprechen: ‚Auf, lasst uns steigen zum Berg des Herrn und zum Hause des Gottes Jakobs, dass er uns seine Wege *lehre(!)* und wir schreiten auf seinen Pfaden!' Denn *Weisung* geht von Zion aus, das *Wort des Herrn* von Jerusalem (4.3.1, Punkt 10). Zwischen den Völkern wird er richten, für viele Nationen entscheiden. Ihre Schwerter schmieden sie zu Pflugscharen um, ihre Speere zu Winzermessern. Nimmer wird Volk gegen Volk das Schwert erheben, nicht mehr lernt man die Kriegskunst. Haus Jakob (4.2.1, Punkt 10), wohlan! Lasst uns wandeln im *Lichte des Herrn!"* (noch irdisches Paradies, jedoch hin zum himmlischen Paradies, Jes 2,1-5/Mich 4,1-3)
Man möge nun mit den theologischen Übungen beginnen (3.7, Punkt 1). Erinnert sei: Theologie: Lehre von *religiösen* Glaubensinhalten (1, Punkt 2).

5. HINTERER TEIL

Als Büchlein ist der hintere Teil, wie erwähnt, schon erschienen. Sein Titel stimmt mit dem der erweiterten Ausgabe überein.

Nach Erarbeitung des mittleren Teils wird das Evangelium Jesu wohl besser verstanden - auch ohne Übungen mit anderen.

Nun folgt das Evangelium Jesu, genauer: *das Evangelium vom Reiche Gottes im Herzen und unter uns (Erlösungsplan bzw. Neuer Bund).*

Bibliografische Information der Deutschen Bibliothek

Bernhard Marxen

Entschlüsselte Religion: **Epoche des „dritten Tags“**

ISBN 978-3-9812389-7-6

Erste Ausgabe 2008 bis 2010 (Entwürfe mit
veraltetem Titel: A-B-C der Religion)
Zweite Ausgabe 2011 bis 2012 (mehrmals überarbeitet mit neuem Titel)
Dritte Ausgabe im Dezember 2012 (Rezensionsvorlage)

Ethos-Verlag (im Verein durchsichtige Parteien (VdP e.V.))
Postfach 1103
D-21231 Buchholz i. d. N. (auch für direkte Bestellungen)

Internet: **www.ethos-verlag.de**

Herstellung: Druckerei Peter, 21266 Jesteburg

5. 1. Evangelium Jesu

Mit Jesus Christus ist eine neue Zeit angebrochen: die Epoche des „dritten Tags“. Jedem Gläubigen, der nach Wahrheit sucht, soll Jesu Evangelium erklärt werden! Nur die Unempfänglichen sollen verstockt bleiben und der *neuen Gottesgemeinde* nicht angehören.

Laut kirchlicher Lehre ist Jesus Christus der „Heilige Israels“, der das Evangelium vom Reiche Gottes - im Herzen und unter uns - verkündet hat (Erlösungsplan bzw. Neuer Bund). Sowohl für die *Person* als auch für das *Volk (Gesellschaft)* ist das Evangelium vom Reiche Gottes verkündet worden, das aus der Geschichte Israels hervorgewachsen ist.

Nicht Glaube allein soll nach jüdischer und christlicher Lehre *praktiziert* werden, sondern Glaube und Wissen von *Recht und Gerechtigkeit* (4.3, Punkte a) bis c)). Folglich sind die Instanzen der Politik (politische Parteien, gesetzgebende Parlamente) ins Auge zu fassen. Nur die Politik hat die Aufgabe, das *Gesetz des Recht* zu erlassen! (Primat der Politik)

Eine Einschränkung: Keinesfalls(!) dürfen die Instanzen der Politik theologisiert und die Instanzen der Religion politisiert werden!
Die gesetzgebenden Parlamente (Staatsführung) sollen nur Impulse erfahren, Impulse von außen - gemäß Evangelium Jesu.

Eine Idee, die richtig ist, kann auf Dauer nicht unterdrückt werden!
Die Goldene Regel (Mt 22,36-40) ist als *oberste Idee(!)* erkannt worden, die sich zum „*Weltgeist*“ erheben lässt - komplementär zum Gesetz der Natur (Haupterkenntnis seit dem Geschehen am Waldsee, 4.2, Punkte d) und e)).

*

Im Text stehen Hinweise, die unterstrichen und mit „siehe ...“ versehen sind. Man sollte die Hinweise befolgen: die Bibel- bzw. Heftseiten aufschlagen und die Stellen nachlesen, möglichst nach der ersten Lektüre! Die nicht-unterstrichenen Hinweise, z. B. (Jak 2,26) oder (S. 46), könnten überlesen werden.

In der Nachfolge Jesu Christi: zunächst verschlüsselt angeboten (überliefertes Evangelium Jesu), danach entschlüsselt - gerichtet zum **Ziel** (Ende der Verstockung allgemein: Walten der *obersten Idee(!)* bzw. des „*Weltgeistes*“, 4.4, Punkt g)).

Epoche des „dritten Tags“

Wie am Ende sei schon hier gesagt: *STIRB - BESINNE - WERDE!*

*Wir leben in der **neuen Zeit**,*
in der des dritten Tags: WERDE! *(Religion, Ethik, Politik: WERDE!)*

In der Bibel stehen Texte, die uns auch überfordern. Das liegt weniger an uns selbst als an der Sprache der Bibel, die **verschlüsselt** vorliegt - in **mythisch-esoterischer** Form -, die viele verwirrt und **verstockt**. Schon hier sei auf 5.2 Anhang gewiesen (S. **59** bis 61). -

Ein Beitrag zum **Entschlüsseln** wird angeboten, zur Bewusstwerdung darüber, dass die Bibel weniger wörtlich als mythologisch aufzufassen ist. Zuerst möge man - **ohne Unterbrechung** - das vorliegende Büchlein durchlesen. Danach möge man - **anhand der Bibel** auch - die Hinweise nachschlagen, die unterstrichen und mit „siehe ...“ versehen sind, z. B. (siehe S. 31-32) oder (siehe Röm 13,1-7).

Jesus selbst hat in Gleichnissen gelehrt, mit Hinweis auf den Propheten **Jesaja**, dem offenbart wurde, die Sprache zu verschlüsseln, das **sündige** Volk zu **verstocken**: dem Untergang *(STIRB ...)* zuzuführen - zwecks *HEILUNG* des verbliebenen „Rests“. (siehe S. 31-32) Auf die Frage seiner Jünger antwortet Jesus **zunächst**: *„Darum rede ich zu ihnen in Gleichnissen, weil sie sehen und doch nicht sehen, hören und doch nicht hören noch verstehen ...“ (Mt 13,13-15).* Seine Sprache - **verschlüsselt** - ist an **Jesaja** orientiert, ebenso seine Botschaft, die - dennoch - sich aufdrängt: die jeder **Vernunft** bzw. jedem **Herzen** eingeschrieben ist (Gewissen, natürliches Sittengesetz[3/4], d. h. S. 2, dort Lit.: 3. und 4.).

Lehre der Apostel (Send-Boten)

Jesu Botschaft zu verkünden, jedem Menschen anzubieten, ist den Aposteln und ihren **Nachfolgern** befohlen worden. Dabei ist wichtig zu beachten, dass sie ermächtigt worden sind, die Fassungskraft des Volkes zu berücksichtigen und die Lehrmethode nach eigenem Ermessen auszusuchen, d. h. die Menschen so zu unterrichten, wie die Gegebenheiten es verlangt haben (nun wird das Evangelium rein - **entschlüsselt** - vorgetragen[12]).

Zum andern sei betont, dass die Apostel **nicht als Propheten**, sondern als **Lehrer** auftraten: Jesu Evangelium muss erklärt werden! darf nicht verschlüsselt bleiben, was Paulus - als **römischer** Staatsbürger - kaum leisten wollte. Untereinander gerieten die Apostel daher in Streit, hauptsächlich Paulus und Petrus (Gal 2,11-16). Wie hat Paulus das Evangelium Jesu aufgefasst - hinsichtlich der Entschlüsselung bzw. *HEILUNG?*

*Apostel (nur!) für die **Heiden** bzw. Evangelium (nur!) an die **Heiden***

Paulus ist zum Dienst für die Heiden (**Unbeschnittenen**) berufen worden. Durch „Offenbarung Jesu Christi“ erhielt er das „Evangelium an die Heiden“ (Gal 1,12/Gal 2,7-8). Die Jünger, die mit Jesus durchs Land zogen, haben es als **vorläufig** (Kompromiss) aufgefasst (Apg 15,23-29). Solche Menschen aber, die unter dem Joch des Bösen im **römischen Reich** litten, haben es als Erlösung wohl empfunden.

Paulus: Gerecht wird der Mensch allein durch den **Glauben** an Jesus Christus und aus Gottes **Gnade** – ohne *Werke des Gesetzes (des Gesetzes Werke)* –, trotz **jeder** seiner *SÜNDEN*. (siehe S. 11)

Als **Protest der Jünger** gilt der Jakobusbrief, wo Jesu Evangelium verdeutlicht worden ist: „wie der Leib ohne Geist tot ist, so ist auch der Glaube ohne Werke tot.“ (Jak 2,26) Nicht der Glaube allein macht dich gerecht, sondern **Glaube** und **Werk**, d. h. *Gott lieben und deinen Mitmenschen wie dich selbst (**Liebesgebot**)*. Dies bewusst zu verletzen, ist *SÜNDE*. Das Liebesgebot wird noch anders bezeichnet - von Gott aus: **Recht des HERRN** (Jes 30,18), vom Menschen aus: **Goldene Regel** (Mt 22,36-40).

Paulus, auf den die **Reformatoren** sich berufen (wg. neuer Heiden in der neuen Welt), hat das Evangelium **zusätzlich** verschlüsselt, hat das Gewissen entlastet, auch das des Gesetzgebers. Sein „Evangelium“ **schwächt** das sittliche Werk und **stärkt** das sündige gleichzeitig (**Verstockung**). Glaube und Werk sind verknüpft - dialektisch -, verstärken sich wechselseitig, zur sittlichen Seite hin! Die Frage, die jeder - auch der Gesetzgeber - sich stellen sollte, wäre auf ihn **selbst** gerichtet: Wie werde ich(!) **würdig**, *Gnade* zu empfangen? Alles weitere liegt bei Gott, an Gottes **Wille**, der auch Gnade gewährt. Mit der Annahme, Glaube allein genüge, wäre Gott einerseits verantwortlich - **für die Welt** -, der Mensch andererseits entlastet, vor allem der Gesetzgeber: die Instanz der Politik!

Weil das Evangelium verschieden ausgelegt wurde, sind Spaltungen entstanden: von **Paulus** zu **Augustinus**, über **Luther**, **Calvin**, **Zwingli** bis in unsere Zeit (Rechtfertigungslehre). Besser wäre es, wenn die Religion von der Spekulation befreit: auf jenen Satz bezogen würde, den sowohl Moses als auch Jesus verkündet haben (**Recht des HERRN** bzw. **Goldene Regel**). Den Aposteln ist das nicht gelungen, auch der mythisch-esoterischen Sprache wegen. Paulus hat zudem ein **Beiwerk** geschaffen, ohne Anerkennung der menschlichen Freiheit (ebenso Augustinus u.a.; warum? ihrer Jugendsünden wegen?). Das *STIRB - BESINNE - WERDE bzw. SÜNDE - REUE - HEILUNG* wäre ohne Freiheit[2] sinnentleert. Hinweise auf **Einzelschritte** *(z. B. HEILUNG)* werden Jesu Evangelium verständlich machen!

Beiwerke: philosophische Spekulationen (Gnaden-Wahl ...)

Am Liebesgebot, das auch **Strenge** verlangt, sollte jedes Beiwerk überprüft werden. Paulus hat Gottes Wille zur *HEILUNG (S. 46)* vernachlässigt, hat gelehrt, dass alles nach Gottes Wille (**Gesetz der Natur**) geschehe - Gutes ebenso wie Böses -, dass jeder zur Seligkeit oder Verdammnis vorherbestimmt sei (doppelte Prädestination), dass keiner der Versuchung *(SÜNDE)* widerstehen könne, außer durch Gottes Gnaden-*Wahl* (Röm 8,29-30/9,6-24). Die **Freiheit** wäre so ausgehebelt, ebenso die ***SÜNDE** (s. oben),* ebenso das **Gebot**, kurz: die **Religion insgesamt** - obwohl Paulus die Goldene Regel verkündet hat. Jede Obrigkeit und jedes Gesetz des Rechts - egal wie böse - sind nach ihm gottgewollt (siehe Röm 13,1-7/vgl. Weish 2,10-20). Was für eine Lehre? Römischer **Stoizismus**.

Die Lehre der Gnaden-*Wahl* - der Prädestination - hat den **Nihilismus** enthemmt: die „Herrenmoral" einerseits, die „hoffnungslose Desperation" andererseits.[6] Belehrung haben jene nötig, die Gott zum Verursache der *SÜNDE* machen wollen und die „Herrenmoral" leben (römischer **Stoizismus** => religiöser **Fatalismus** => hoffnungslose **Desperation**). *Reales(!)* Feuer-Heiliger Geist sogar hat man vereint (Lk 3,16), um **Kriege** (Vergießen von **Blut**) rechtfertigen zu können (Hebr 9,22).

Briefe von Paulus sind kompliziert, spitzfindig, **verstockend**. Unter römischer Macht hat er das Evangelium **stärker** verschlüsselt müssen! Zu den **Heiden** (Unbeschnittenen: Römern, Griechen ...), die der Philosophie zugewandt waren, sprach er schriftlich und mündlich - als Apostel und Lehrer? (S. 46) Zu den **Juden**, die der Philosophie fern standen, predigten die Jünger um Petrus (Gal 2,7), ohne philosophische Spekulation.

Merke: Die **Verstockung** - als Epoche - ging mit Jesus zu Ende (nicht bei Paulus: *„... Geist der Betäubung* ... bis zum heutigen Tag", Röm 11,8).

Beiwerke haben den **Kern des Evangeliums** zugedeckt und die Religion zur „Philosophie" gemacht. Doch die Bibel fordert nur Gehorsam. Sie tadelt den Ungehorsam *(SÜNDE, s. oben),* nicht die Unwissenheit.

Nur am **Recht** des HERRN soll Gehorsam sich erweisen (Jes 30,18/1,17). Doch mehr im **Ritus** als im **Recht** leben große Kirchen. Daraus folgt, dass wir den Propheten, Priestern, Theologen nur das zu glauben schuldig sind, was dem Liebesgebot (S. 47) entspricht. Von allem übrigen sind wir befreit (**Spitzfindigkeiten**), können glauben, was uns beliebt.

***Zeichen** Gottes und **Weissagung** der Propheten*

Die Propheten des Alten Testaments haben einfache Dinge gelehrt, die jeder begreifen könnte. Sie erhielten Zeichen, je verschiedene, baten auch darum, um gewiss zu sein, ob die Weissagungen, die sie verkünden wollten, dem **Recht** des HERRN entsprachen. Viele Bibelstellen belegen das, z.B. die über Moses (Ex 4,8-9), die über Gideon (Ri 6,17), die über Jeremias (Jer 1,9-10), die über Jesus gar (Jes 7,14). Kurz: Die Propheten haben sich auf **Zeichen** berufen, die Gott ihnen gab.

Durch das Zeichen wurde der einzelne Prophet sicher, nicht durch die Weissagung, die - in mythisch-esoterischer **Form** - überliefert worden ist. Nur der **Inhalt** der Weissagung, einschließlich des **Zeichens**, darf als Offenbarung gelten, die - als Willensmitteilung des verborgenen Gottes - mit Philosophie nicht immer stimmt. **Philosophie** und **Religion** stehen je auf eigenen Füßen, haben wenig miteinander zu tun.

Jesus zeigte: Jede Weissagung muss **entschlüsselt** werden (Mk 4,10/Mt 13,18-35/Ps 78,1-8), was seine Kirche vernachlässigt hat - den **gläubigen** Mitgliedern gegenüber! (keine **Heiden** mehr, S. 47) Hier sei angemerkt: Wegen des *Geschehens am Waldsee* habe ich das Buch noch schreiben müssen - nicht als Prophet, sondern als gläubiger Christ. Endlich habe ich das Geschehen entschlüsseln können (s. S. 63, meine Bücher, 9. Buch).

*Wort Gottes: **ewige Wahrheit** und Fundament **moralischen** Handelns*

Ich glaube, dass der *ERLÖSUNGSPLAN* **unmittelbar** offenbart worden ist - durch den Heiligen Geist -, sodass Jesus ihn verkünden konnte. Daher können **Worte Jesu**, ähnlich **Worten Mose**, als das Wort Gottes gelten. Doch weder in 1000 Büchern noch auf 1000 Seiten der Bibel steht das Wort Gottes unmittelbar, sondern nur in einem **einzigen Satz**: im reinen(!) Begriff des **Heiligen Geistes**, was so viel heißt: *Gott von ganzem Herzen lieben, ihm vertrauen und auf seine Gerechtigkeit hoffen, indem man selbst Liebe und Gerechtigkeit tut (**Recht des HERRN** einerseits, **Goldene Regel** andererseits, S. 47).* So wäre man würdig, nur würdig! Gottes Gnade zu empfangen. - **Philosophie** und **Religion** leben getrennt!

Heiliger Geist - Reich Gottes (siehe Lk 4,43-44/Lk 16,16/Lk 17,20-21)

Das einzig **Verbindende** zwischen Gott und Mensch ist der Heilige Geist (Geist der Wahrheit, Beistand, Tröster, **Licht**, Paraklet ...), den Jesus seinen Jüngern, vor dem Gang zum Kreuz, versprochen hat: „Wenn ihr mich liebt, werdet ihr meine **Gebote halten** (Werk), und ich werde den Vater bitten, und er wird euch einen anderen **Beistand** geben, damit er immerfort bei euch bleibe, den **Geist der Wahrheit**, den die Welt nicht empfangen kann, weil sie ihn nicht sieht und nicht kennt. Ihr aber kennt ihn, denn er bleibt bei euch und wird in euch sein. Ich werde euch nicht als Waisen zurücklassen; ich komme zu euch." (Joh 14,15-18)

„Wenn einer mich liebt, wird er mein **Wort** bewahren, und mein Vater wird ihn lieben, und wir werden zu ihm kommen und **Wohnung** bei ihm nehmen (**Reich Gottes im Herzen**[4]). Wer mich nicht liebt, bewahrt nicht mein Wort. Das Wort aber, das ihr hört, ist nicht mein, sondern des Vaters (S. 49), der mich gesandt hat. Dies habe ich zu euch geredet, da ich noch bei euch bin. Der **Beistand** aber, der **Heilige Geist**, den der Vater senden wird in meinem Namen, er wird euch alles lehren und euch an alles erinnern, was ich euch gesagt habe. Frieden lasse ich euch zurück, meinen Frieden gebe ich euch; nicht wie die Welt gibt, gebe ich euch. Euer Herz erschrecke und verzage nicht!" (Joh 14,23-27)

Der Christ, der sich bekreuzigt, spricht: Gott Vater, Sohn und Heiliger Geist. Dies sind die Eckpfeiler seines Glaubens, vor allem der Heilige Geist. Wenn einer mich liebt, so Jesus, werden der Vater und ich zu ihm kommen und Wohnung bei ihm nehmen: in seinem Herzen (**Reich Gottes im Herzen durch wahren Geist**[4]). Moses, der dasselbe meint, spricht vom beschnittenen Herzen, weist auf das Recht des HERRN bzw. die Goldene Regel: „Der HERR, dein Gott, **wird** dir und deinen Nachkommen das Herz **beschneiden**, *dass du den HERRN, deinen Gott, liebst aus deinem ganzen Herzen und deiner ganzen Seele" (Dt 30,6) und „deinen Nächsten wie(!) dich selbst" (Lev 19,18).* „Beschneidet also die Vorhaut eures Herzens und versteift euren Nacken nicht weiter." (Dt 10,16) „Denn es ist das **Wort** ganz nahe bei dir, in deinem Munde und in deinem Herzen *(Reich Gottes im Herzen,* Sittengesetz[3/4], Gewissen), dass du es **tust**." (Dt 30,14)

Mehr beiläufig hat **Moses** vom Heiligen Geist gesprochen, jedoch deutlich in der Klage vor dem HERRN, um die Last des Volkes nicht mehr allein tragen zu müssen. Siebzig Männer, von den Ältesten des Volkes, sollten fortan mit ihm tragen. Am Tag der Vereidigung kamen die Männer zu Moses, verteilten sich rings um das Stiftszelt. In der **Wolke** (Heiliger Geist, s. Anhang: **Metapher**) kam der HERR hernieder, nahm vom Geist, der auf Moses ruhte, und legte ihn auf die Männer, die in prophetische Verzückung gerieten (**Allegorie**). Zwei von ihnen aber waren am Stiftszelt nicht erschienen und gerieten ebenfalls in prophetische Verzückung. Da sagte Josua zu Moses: Mein Herr, wehre ihnen. Doch Moses erwiderte: Wollte Gott, dass alle im Volk des HERRN Propheten wären und der HERR seinen Geist (Heiligen Geist) über sie kommen ließe (Num 11,16-30).

In der **Apostelgeschichte** ist vom Heiligen Geist ähnlich berichtet worden (Versprechen Jesu, S. 49). Nach Jesu Tod und Auferstehung waren die Jünger voller Erwartung. Als der Tag für das **Pfingstfest** gekommen war, waren sie alle beisammen am gleichen Ort. Da erhob sich plötzlich vom

Himmel her ein Brausen wie von einem daherfahrenden gewaltigen Sturm (Gleichnis) und erfüllte das ganze Haus, in dem sie weilten. Es erschienen ihnen Zungen wie von **Feuer** (s. Anhang: **Parabel**), die sich verteilten und einzeln herabsenkten auf einen jeden von ihnen; und alle wurden erfüllt von Heiligem Geist und fingen an, in anderen Zungen zu reden (Metapher, Allegorie), so wie der Geist ihnen zu sprechen verlieh (Apg 2,1-4).

*Heiliger Geist und wahr-haftige **Lehre** / wahr-haftiges **Werk***

Wie der vorletzte ist der letzte Absatz **mythisch-esoterisch** verfasst, mehr kindlichem Bewusstsein angepasst worden. Beide Texte wörtlich zu nehmen, Erwachsene wie **Kinder** anzusprechen, wäre **beleidigend** und abstoßend zugleich. Versuche dieser Art - nicht mehr gottgefällig - treiben viele aus den Kirchen hinaus. Wie sollen **Gläubige** beim Vortragen dieser Texte verstehen, dass Gebot und Heiliger Geist zusammengehören, dass die Gabe des Heiligen Geistes (Geist der *Wahr*heit) an Bemühungen geknüpft ist, *wahr*haftig zu handeln? (Apg 5,32 u.a.) Gottes Wort zu **lehren** (Werk), setzt *Wahr*haftigkeit der Kirche Jesu und ihrer Lehrer voraus.

Merke: Die **Gabe** des Heiligen Geistes ist mit **Mühe** (Dornen) verknüpft. Denn Jesus hat gesagt: „Wenn ihr mich liebt, werdet ihr meine Gebote halten (Werk), und ich werde den Vater bitten, und er wird euch einen anderen Beistand geben“, womit einerseits Mühe, andererseits Hilfe gemeint ist. Ohne **Werk**-Gebot wäre das Leben der **Gläubigen** bequem.

Missverständnis fördert auch die **Geschichte** über Abraham, der seinen Sohn opfern soll, doch vom Engel des HERRN daran gehindert wird (Gen 22,12). Oder die **Legende** über Maria, die Mutter Jesu, die von Gabriel erfuhr: „Heiliger Geist wird dich *überschatten,* einen Sohn wirst du gebären, nämlich Jesus.“ (Lk 1,31-35) Legenden, Verkörperungen und **verschiedene Namen** für den Heiligen Geist (Beistand, Tröster, Paraklet, Taube, Finger Gottes, Licht, *Wolke* ...) verwirren **Gläubige**!

Viele Bücher über Engel, Teufel, Dämonen sind geschrieben worden, viele Ströme von **Blut** sind geflossen, viele Verkörperungen, **Mysterien** sind erdacht worden, für Gläubige, die **verwirrt** und **verstockt** werden sollen?

Dass **Ent-schlüsseln** zur kirchlichen Lehre kaum gehört, dass kindliches Gemüt als Glaube geschätzt wird, das distanziert, erzeugt Ärgernisse, macht mutlos und traurig. Kein Wunder, dass die Kirchen leerer werden, dass die **wahre** Religion - das **Recht** des HERRN - im „Blut Jesu“ zu ersticken droht, dass **Gläubige** - statt Ungläubige - verwirrt und verstockt werden. Frage: Werden große Kirchen von „erwählten“ **Verstockern** immer noch gelenkt? (vgl. „Höhlengleichnis“, S. 63, dort 5. Buch: Vorwort)

*Wahre Religion: **schlüssiger** Aufbau und **geistig** gesehen*

Jede Religion, die Freiheit leugnet, ist sinnentleert (S.47). Aus der Freiheit wächst die **Würde** des Menschen - auch Gott gegenüber.[2/3] Von dem, was die Bibel überliefert hat, ist das meiste entbehrlich geworden, von Beiwerken ganz zu schweigen. Die wichtigen Stellen (siehe ...) sollte der Gläubige **selbst** lesen! Was dem **Liebesgebot** nicht entspricht, was widersprüchlich zu ihm ist, darf als Religion nicht anerkannt werden. Eine **schlüssige** Religion würde überzeugen! (siehe Gen 49,10-12/Dt 18,15/Ps 78,1-8/1 Chr 17,7-13/Jes 9,1-6/Jes 41,8-14/Jer 23,1-6/Dan7,13-15/Mich 5,1-2/Lk 1,30-33/Lk 2,1-7/Zach 9,9-10/Mt 21,1-5/Mt 7,13-23/Mich4,1-5).

Merke: Das Wort ***Liebesgebot*** kann im Sinne von Recht des HERRN bzw. Goldene Regel aufgefasst werden, zudem im Sinne von Botschaft Jesu oder Wort Gottes (S. 49). Wörter mit gleicher Bedeutung sind in Bibeltexten oft anzutreffen. Man denke nur an Wörter für den Heiligen Geist: Beistand, Tröster oder Taube, Paraklet oder Geist der Wahrheit, Geist des HERRN oder Finger Gottes oder Licht oder Wolke. Das Wort ***oberste Idee*** steht für Goldene Regel bzw. *„Weltgeist"*. (S. 45)

Dem Recht des HERRN soll nichts beigefügt werden! (Gnaden-*Wahl* ...) Als **würdig** sollte jeder sich erweisen - zur Seligkeit. Sowohl Judentum als auch Christentum als auch Islam sind **Gesetzesreligionen**! Das Recht des HERRN ist längst offenbart, drängt sich dem **Gewissen** auf, bedarf weder einer Begründung noch eines Beweises! Moses: „Denn es ist das **Wort** ganz nahe bei dir, in deinem Mund und Herzen, dass du es **tust**." Die **Verstockung** aber - als Epoche - wird mit Jesus erst beendet (siehe S. 48).

Das Recht des HERRN lässt sich zwar **verdunkeln**, aber nicht verändern: „Daran erkennen wir, dass wir in Gott bleiben und Gott in uns, dass er uns von seinem Geist gegeben hat." (1. Joh 4,13) Die Bitte um Heiligen Geist könnte uns helfen, nicht nur in der Not, auch um „**Mysterien**" der Erlösung, der Auferstehung, ja der Sündenvergebung **durchleuchten** zu können. Zuerst etwas über die *Erlösung (HEILUNG)*, dann über die *Auferstehung (Mt 12,39-41)*. Erst am Schluss gehe ich auf die *Sündenvergebung* ein, die - vorweg - durch **Blut** sein soll (altjüdischem **Ritus** angepasst).

Jesus **taufte** nicht mit Wasser, sondern mit Heiligem Geist (Joh 1,34). Laut Ärzten macht Wahrheit frei: *„heilt zuerst(!) deine **Seele** - dann deinen **Körper**."* Priester und Richter, Psychologen und Soldaten (traumatisiert) könnten das bestätigen. Jesu Werke sind von daher zu verstehen: Blinde „Augen" hat er geöffnet; böse „Geister" (Gedanken) hat er ausgetrieben; kranke Seelen hat er geheilt. Jesus **heilte**, als ***Erlöser*** *(HEILAND)*, mit Heiligem Geist, sprach vom *Reich Gottes im Herzen,* um von der Seele aus (Herzen) die *HEILUNG* insgesamt einzuleiten. (Gott als Arzt, eherne Schlange) (siehe S. 17/S. 24)

Nach göttlichem Geist (Erlösung) suchen Menschen in vielen Religionen. Der göttliche Geist ist nur verschieden benannt worden. Im Buddhismus spricht man von **Karma** (sittliches Werk, S. 51), im Christentum von Heiligem Geist: Geist der Wahrheit, **Licht**, Beistand, Tröster, Paraklet etc.

Der wirk-liche Erlöser ist nicht Jesus, sondern der Heilige Geist: der Geist der Wahrheit, wie Jesus selbst gesprochen hat (S. 50). Wer sich besinnt, seine *SÜNDEN* **bereut** (gutmacht), der fühlt sich frei, ist erleichtert, **erlöst**, fühlt den Geist der Wahrheit. Nicht vom **Mystischen** (Verstockung), vom **Licht** (Geist der Wahrheit) hat Jesus gesprochen.

Wer sich besinnt, zur Wahrheit strebt, erneuert sich selbst, wird reiner als zuvor: höheres *WERDEN* - „**Auferstehung**" - beginnt, noch vor dem leiblichen Tod und dem letzten Gericht. Weniger im körperlichen als im **geistigen** Sinn ist Auferstehung zu verstehen, so auch hinsichtlich Jesus, dessen **Botschaft** (Wort Gottes) auferstehen soll und *wirk*-lich auferstanden ist, nicht nur einmal, viele Male. („Tut dies zu meinem Gedächtnis!", Lk 22,19) Ohne geistige Auferstehung wäre die Kirche, die **sündhaft** geworden ist, längst untergegangen. - Gottes *HEILUNGS-Wille* sei betont (S. 52).

*Ende der **Verstockung**: vom Alten zum Neuen Bund (siehe Jer 31,27-34)*

Was nicht sein darf, ist eingetreten: **Personenkult** herrscht vor. Jesu Leid ist vorrangig geworden. Mehr im **Ritus** als im **Recht** leben Kirchen, wobei Jesu Botschaft im „Blut" zu ersticken droht. Jesu Botschaft aber - ins Herz geschrieben - ist der *Neue Bund.* Jesu Leid (**Blut**) ist Folge der Botschaft bzw. unserer *SÜNDEN,* ist **nachrangig**. Der *dialektische DREISCHRITT* nun:

Wahrheit erregt Hass, führt zum Kreuz, ja Tod, den Jesus freiwillig erlitt - der *HEILUNG* unserer „Krankheit" wegen. **Nachfolger** werden Drangsal leiden - „**Erkrankten**" wird so Heils-*Zeugnis* zuteil: *STIRB - BESINNE - WERDE!* (siehe S. 38-39) Jesus: „Wenn die Welt euch hasst, so wisset, sie hat mich vor euch gehasst ... Wenn aber der Tröster kommt ... der Geist der Wahrheit ... wird er *Zeugnis* geben von mir" (Joh 15,18-26) =>

Nach zwei Seiten wirkt der Heilige Geist: zum einen **nach innen** als Tröster, zum andern **nach außen** als Beistand - hin zur „Auferstehung", zum Reich Gottes in und unter uns: ... *BESINNE - WERDE!*

Heiliger Geist - Reich Gottes (S. 49) gelten als verbunden, als **ewiger Wert**, was Jesus bestätigt hat: „Ich muss ... das Evangelium verkünden vom **Reiche Gottes**; denn dazu bin ich gesandt ... Das Gesetz und die

Propheten reichen bis zu Johannes. Von da an wird das Evangelium vom Reiche Gottes verkündet ..." (Lk 4,43/16,16): ... *BESINNE - WERDE!*

Frage der Schriftgelehrten: Wann kommt das Reich Gottes? Antwort Jesu: „Es kommt das Reich Gottes nicht so, dass es zu beobachten wäre; man wird auch nicht sagen: Seht, hier ist es, oder dort! Denn seht, das **Reich Gottes**[4] ist in eurer Mitte" (Lk 17,20-21) - in euren **Herzen** zuerst.

Wahre Gesinnung meint Jesus: die durch ihn **beginnende** Heilswirklichkeit (Ende der Verstockung durch **Glaube** und *wahr*-haftiges **Werk**): „Denkt nicht, ich sei gekommen, das Gesetz oder die Propheten aufzuheben. Ich bin nicht gekommen aufzuheben, sondern zu **erfüllen**." (Mt 5,17)

Auch Muhammad ist für eine bestimmte Aufgabe, ähnlich Jesus, gesandt worden: als **Warner** gegenüber Frevlern (auch Juden und Christen), was Koranverse bestätigen: „ich bin nur der deutliche Warner." (Sure 15,89) Muhammad erhielt **Zeichen** (Suren 74,16 u. 96,1-5), weissagte den Koran durch **Gabriel** - den Boten Gottes. (S. 20/S. 41)

Auf mein 9. Buch sei gewiesen (Kap. 12), auf mein 2. auch (Kap. 16.3/ Kap. 9.4.2-10), wo der *dialektische DREISCHRITT zum* ***Ziel*** <u>säkular</u> erklärt worden ist. Mein **3.**/4. Buch zeigt die beste **Strategie**. (S. 63)

Das Evangelium, das vom Reich Gottes kündet, gipfelt im **Pfingstfest**, im Bitten um Heiligen Geist! Jedes redliche Werk - in wahrem Geist - verbindet mit Gott, macht **würdig**, Gottes *Gnade* zu empfangen. Der Glaube **allein** macht nicht würdig, fördert weiter die **Verstockung**. Man erinnere das Gleichnis von den Talenten (Mt 25,14-30). Das Reich Gottes verstehen viele jenseitig: als himmlisches Paradies.

Staatliches Gesetzeswerk (Paulus: Gesetzes Werke, <u>siehe S. 47</u>!)

Am Werk zeigt sich der Glaube, auch am staatlichen Gesetzeswerk: „An ihren Früchten werdet ihr sie erkennen." (Mt 7,16) Paulus hat das Evangelium den Verhältnissen im römischen Reich angepasst, hat das **Werk** entwertet, um die **Gesetzgebung auszuhebeln**: die Instanz der Politik, die weltliche Güter - mittels Staat - besser verteilen könnte. Dies Anpassen aber - wohl **nötig** damals! - ist nicht mehr gerechtfertigt. Sich seinem Schicksal zu ergeben (**Stoizismus**), findet Anklang bei jeder **Obrigkeit**!

Wenn Werke am Gesetz des Rechts (staatlichen Gesetz) unwichtig wären, wäre das Bindeglied zwischen Individuum und Gesellschaft ebenfalls unwichtig und das Evangelium individualisiert. Gesetzgebung und **Staat** (Exekutive, Judikative) wären entlastet, hätten keine **moralische** Pflicht mehr. Schon längst aber, seit Konstantin dem Großen (288-337), sollte die Staatsmacht beteiligt sein auf dem Weg Jesu, hin zum Reich Gottes.[4]

In der **Reformationszeit** haben Luther, Calvin, Zwingli - mit Hinweis auf **Paulusbriefe** - die oberen Stände (Gesetzgeber) entlastet. Neue Potenzen wie Banken, Geldwirtschaft, **Kolonien** (neue Heiden) sind ins Spiel gekommen (siehe S. 11). Auf reformatorischer Seite ebenso wie auf katholischer sind die Eroberer verstockt worden (Gier, **Gold**, Krieg). Das Evangelium hat man eingeengt, dogmatisch **individualisiert** (Religionszwang).

Das **Recht** des HERRN lässt sich nicht einengen. Auch der **Gesetzgeber** (Legislative) soll es befolgen - gleich Königen im *Alten Bund.* Zu denen, die auf dem „Stuhl Mose" saßen (Gesetzgeber), sagte Jesus: *„Weh euch ..., ihr Heuchler! Von Minze, Dill und Kümmel berechnet ihr den Zehnten, doch was im(!) Gesetz am wichtigsten ist, das vernachlässigt ihr: das **Recht**, die Barmherzigkeit, die Treue."* (Mt 23,23)

Anderntags sprach er genauer: Nach dem „größten Gebot im(!) Gesetz" des Rechts wurde er **befragt**. Er **wies** auf die Goldene Regel bzw. das **Recht** des HERRN (siehe S. 17/S. 47/S. 49): *„Du sollst den HERRN, deinen Gott, lieben" und „deinen Nächsten ... wie(!) dich selbst."* Gerechte Werke am Gesetz des Rechts sind mit *wie(!)* vorrangig gemeint (die zum Reich Gottes **nach außen** gerichteten Werke, S. 53) - gemäß Gleichheit der Rechtssetzung (Gesetzgebung!) und Gleichheit der Rechtsanwendung. Beide Arten von Gleichheit sind ins Grundgesetz aufgenommen worden (Art. 1(3); 2(1); 3; 33). Auf das **3.**/4. Buch sei gewiesen.

Wort Gottes und Sündenvergebung

Zum Schluss sollen noch zwei Punkte angesprochen werden: erstens die Zehn Gebote, zweitens die Sündenvergebung (die altem **Ritus** angepasst wurde). Zum ersten Punkt sei gesagt, die Zehn Gebote sind nur **Beispiele** für das **Wort Gottes**. Zahlenmäßig könnten sie weiterlaufen - bis zur Zahl zwanzig, dreißig usw. Dass Moses die Beispiele auf zehn beschränkt hat, könnte mit der Fingerzahl unserer Hände zu tun haben. In modernen Gesellschaften reichen zehn Gebote nicht aus. Man denke nur an das vierte Gebot, das die Kinder verpflichtet, ihre Eltern ehrvoll zu behandeln - nicht aber umgekehrt. Ähnlich beim zehnten Gebot, das nur die Männer verpflichtet. Das **Wort Gottes** aber: der reine(!) Begriff des Heiligen Geistes (Recht des HERRN bzw. Goldene Regel, S. 49), erfüllt, übersteigt, vervollkommnet den ***Alten Bund** (S. 53),* fasst alle Gebote **in einem Satz**.

Nun zur **Sündenvergebung**. Nach *Altem Bund,* den Jesus kannte, wurden zwei Ziegenböcke und ein Widder jedes Jahr geopfert, als Sühne für die

Sünden des Volkes. Der Hohepriester warf über die Böcke Lose: eins für den HERRN, eins für Asasel, einen Wüstendämonen (Lev 16,8). Den Israeliten galt die Wüste als Ort böser Geister: der Dämonen (Verkörperung).

Der Bock, auf den das Los für den HERRN gefallen war, wurde vom Hohenpriester geschlachtet und sein **Blut** - als Sühne für die Sünden des Volks - an das **Heiligtum gesprengt**, genauso wie das Blut eines vorher geschlachteten Stiers - als Sühne für die **Sünden der Priester**. Auf den zweiten Bock übertrug der Hohepriester alle Sünden, die Israel begangen hatte, und ließ den Bock in die Wüste treiben, wo er verenden sollte (siehe S. 40). Schließlich wurde der Widder geschlachtet und mit dem toten Stier - vor Israels Lager - verbrand. (Lev 16/Dan 8)

Die Besprengung des Heiligtums mit Blut von Tieren war zweifellos der Höhepunkt der Feier. Mit diesem **Ritus** (ähnlich der Eucharistie: der verdichteten Leidensgeschichte Jesu) wurde die Sühne vollzogen, zum einen für die Sünden der Priester, zum andern für die Sünden des Volks. Das Verbrennen toter Tiere - vor Israels Lager - weist auf die Kreuzigung Jesu außerhalb der damaligen Stadtmauer.

Erstaunlich wäre es, wenn **Blut von Tieren** Sünden tilgen könnte! Schon im Hebräerbrief, der zum Neuen Testament gehört, ist das verneint worden (Hebr 10,4), wohl deswegen, weil Brand- und Schlachtopfer dem Moses nicht geboten wurden! (Jer 7,22-23) Im selben Brief aber (Hebr 9,12/28) ist die Sündenvergebung auch auf **Blut** aufgebaut: auf dem von **Jesus**, obschon Jesu Blut (Kreuzigung) wegen Jesu Botschaft (unserer Sünden) vergossen wurde - **Jesu Botschaft** also *vorrangig* ist *(Neuer Bund,* S. 53). Umgekehrt wäre das Wirken Jesu **nicht schlüssig** und **mystisch** zugleich.

Der Hebräerbrief weist auf Paulus, ist jedoch ohne Absender und Adressat. Mit ihm ist die alte Tradition - rituell - gewahrt worden. Der **Ritus** aber ist „angelerntes Menschengebot“ (Jes 1,13/29,13) - ist *nachrangig!*

Schlüssig ist, dass Jesus vor seiner **Kreuzigung** schon *SÜNDEN* vergab - nicht durch Vergießen von Blut, sondern kraft Glaube, *REUE,* Gutmachung (Lk 7,48/15,21). **Anders** im Hebräerbrief: „und ohne Vergießen von Blut (Metapher?) gibt es keine Vergebung.“ (Hebr 9,22) Zum Verstocken (**Krieg** führen) ist der Satz geeignet - derzeit immer noch!

Hier sei erneut Jeremias erwähnt, jener Prophet im Alten Testament, der die ***neue Zeit*** kommen sah, im Hebräerbrief zitiert worden ist (Hebr 10, 16-17) und den ***Neuen Bund*** offenbarte: *„Spruch des HERRN: ‚Ich lege mein **Gesetz** in ihr Inneres*[3] (Gewissen, natürliches Sittengesetz) *und schreibe es ihnen ins **Herz*** (Reich Gottes im Herzen[4], S. 50) ... *Dann* *brauchen sie nicht mehr sich gegenseitig zu belehren ... Ja, ich verzeihe ihre Schuld und ihrer SÜNDEN gedenke ich nicht mehr.'"* (Jer 31,33-34). Natürlich ihrer *REUE* wegen. (Jer 31,19)

Nicht Blut tilgt *SÜNDEN*, sondern Glaube, *REUE,* Gutmachung (Buße), was dem Recht des HERRN gemäß wäre, sprich: dem Heiligen Geist.

Neue Zeit: ***entschlüsseltes*** *und in sich* ***schlüssiges*** *Evangelium*

Jeremias Offenbarung ist durch Jesus erfüllt worden, der *SÜNDE* **kraft** Heiligen Geistes vergab. Weil Ritus und Recht zu trennen sind und das **Recht** *vorrangig* ist, bleibt ungeklärt, warum Jesu Blut jenes von Tieren ersetzen soll (wg. altjüdischer Riten wohl). Jesu Evangelium ist **kein Mysterium**, ist das Evangelium vom **Licht** - vom Reich Gottes -, das nicht nur *Sündenvergebung,* sondern auch *Erlösung (HEILUNG)* verspricht, was jeder versteht. Auf den „dialektischen Dreischritt zum **Ziel**" sei ein letztes Mal gewiesen: *SÜNDE - REUE - HEILUNG.* (siehe S. 45/S. 47/S. 52-54)

Die Auferstehung Jesu - leib*haftig* - ist vorrangig von geistiger Art (Botschaft Jesu). Wenn die Auferstehung - wie alle anderen Berichte auch - mehr **geistig** gedeutet würde, wäre die Religion in sich **schlüssig**! Heidnisches (Gerecht ... trotz **jeder** deiner *SÜNDEN,* S. 47.) könnte korrigiert bzw. zurückgewiesen werden. Auch der Mythos vom „**dritten Tag**" wäre verständlich: Dem *STIRB* (erster Tag) folgt *BESINNE* (zweiter Tag), dann *WERDE/AUFERSTEHE!* (dritter Tag) - ähnlich Phönix, dem „heiligen" Vogel, der sich selbst verbrennt und aus der Asche neu hervorwächst, stärker als zuvor! - Auf **Jona** sei gewiesen (Mt 12,40).

Die Bitte um Heiligen Geist könnte jedem von uns helfen. Durch ihn soll Jesu Evangelium auferstehen: entschlüsselt in unseren Herzen, um **würdig** zu werden, Gottes **Gnade** zu empfangen. Jesu Evangelium, in sich schlüssig, muss auch so gelehrt werden! (*wahr*-haftige Lehre, S. 51)

Appell an **Lehrer**, die Elite für das *WERDE* zur sittlichen Freiheit: Jesu Evangelium *(Erlösungsplan, Neuer Bund)* ist leicht verständlich, erlöst aus kleinen wie großen **Verstockungen**! Im Land der Reformation aber - 500 Jahre nach der Reformation - haben Verstockungen zugenommen, durch das „Evangelium (nur!) an die **Heiden**" (S. 47). *Kirche von unten,* zum Reich Gottes, sucht Gesprächskreise: allerorts, computervernetzt, ohne „Aufsicht" resp. mit Heiligem Geist. (S. 63, dort 5. Buch, Kap. 19.9)

Wir leben in der ***neuen Zeit,***
in der des dritten Tags: WERDE! *(Religion, Ethik, Politik: WERDE!)*

5. 2. Anhang: Mythisch-esoterische Sprache

Mythos: In der Mythologie (Kunst) sind „ewige" Kräfte der Welt und des Menschen personifiziert und zu Göttern erhoben worden, so in der altgriechischen Mythologie, die den biblischen Propheten bekannt war und das frühe Christentum beeinflussten. Mythen handeln vom Anfang der Welt und deren Ende, von der Geburt der Götter und Halbgötter, von deren Familienverbänden (gleich irdischen), deren Kämpfen untereinander. Sie berichten von der Finsternis, deuten Tag und Nacht, Werden und Vergehen, künden vom Sündenfall und von der Sündflut, berichten vom Goldenen Zeitalter und seinem Niedergang, vom Turmbau zu Babel, von Visionen und Traumgestalten (Engel, Drachen, Mischwesen usw.), erzählen von Stammvätern und ihren Völkern, von Liebe und Hass, Treue und Verrat, Mut und Feigheit, Krieg und Frieden, verherrlichen Helden und ihre Kämpfe, prophezeien den Heilsbringer und das letzte Gericht. Nicht Religion aber, sondern Magie, Mythos - die Kunst - war wohl zuerst.

Mythen kreisen vorrangig um das göttliche Recht und die soziale Ordnung allgemein, nachrangig um Riten, die das Recht verdecken, verrätseln, ja die Menge - zwecks Beherrschung - auch einschüchtern. Meistens ist der Gesetzgeber von den Göttern berufen worden (von Gottes Gnaden) oder einer der Götter selbst. Allgemein weist die Wissenschaft auf die kindliche Entwicklungsstufe: auf das dualistische Denkschema (hell und dunkel, warm und kalt), sowie auf fantastische Welten, die Eingeweihte nur verstehen (**esoterisch**: nur für *Eingeweihte* verständlich), auch auf machtbewusste Priester, Schamanen, die durch Täuschung ihrer Mitmenschen („notwendige" Blutopfer, Angsterzeugung) persönlichen Nutzen zu ziehen suchten (Religion als Machtmittel).

Andererseits wird auf die *Dialektik* „Mythos - Logos" gewiesen, schon seit dem frühen Christentum, nämlich darauf, dass beide Denkarten sich wechselseitig vermitteln - ähnlich dem Bewusstsein eines Kindes, das allmählich reift und seiner Vernunft dann folgt. So gesehen birgt der Mythos eine tiefe Weisheit: das Göttliche (Gewissen), das - dem Herzen/der Vernunft eingeschrieben - zur Glaubensgewissheit strebt!

Legende: Dichterische Erzählung einer frommen, meist wunderbaren Handlung, mit der Personen glorifiziert und verherrlicht werden (Könige, Märtyrer, Heilige). Geschichtliche Fakten sind für die Legende nicht wichtig, jedoch gottgefälliger Lebenswandel, wobei Wunderbares sich manifestiert (unbefleckte Empfängnis usw.).

Ritus: In allen Religionen sind rituelle Praktiken (Gesang, Tanz, Opfer) aus der Tradition hervorgewachsen. Eine rein geistige Religion, ohne rituelle Praktiken, würde wohl vergessen und untergehen. Riten sind an Regeln gebunden, finden zu neuen Lebensabschnitten statt (Initiationsriten), werden von Schamanen oder Priestern durchgeführt, sind für jedermann aber zugänglich.

In einigen Religionen sind Riten übermächtig geworden, leiten zur Ekstase, reichen bis zum Menschenopfer! Meistens sind sie *mystifiziert,* manchmal zur *Heilsnotwendigkeit* auch erhoben worden. Übermächtige Riten verdecken das göttliche Recht, machen es vergessen, sogar im Judentum, Christentum, Islam, die als Gesetzesreligionen gelten. Der Hauptritus der katholischen Kirche ist die Eucharistie: die verdichtete Leidensgeschichte Jesu. Ohne Hinweis auf die Botschaft aber, wäre die Eucharistie „angelerntes Menschengebot" (Jes 1,11f/29,13), wäre inhaltsleer!

<u>Gleichnis</u>: Die Bibel ist voll von Gleichnissen. Beim einfachen Vergleich sind Eigenschaft und Bild einander zugeordnet (klug wie die Schlange). Anders beim Gleichnis, wo Eigenschaft und Bild selbständig sind und aus verschiedenen Bereichen stammen. Zwar ist das Bild eindringlicher, seine Bedeutung aber *verschlüsselt* (Schlange als Sünde, Dornen als Leid, Weinberg als Welt usw.). Solche Bilder sind vieldeutig, dürfen keinesfalls wörtlich verstanden werden (Schlange, Leviathan, Feuer, Saatkorn ...).

Die biblischen Gleichnisse sind Fabeln oder Parabeln bzw. Mischformen. Sie vermitteln Wahrheiten mit Bildern aus Natur- und Menschenleben, die den Gläubigen näher stehen (Gleichnisse vom Winzer, Seesturm ...). In großer Zahl sind Gleichnisse von Jesus überliefert worden.

<u>Fabel</u>: Erzählform, in der Pflanzen und Tiere sprechen können oder Eigenschaften zeigen, die als Spiegel menschlicher Sitte oder Klugheit gelten. Beispiele aus der Bibel sind die Fabel des Jotam (Ri 9,7ff) und die Parabel des Nathan (2 Sam 12,1ff). Aus der Fabel stammt das Fabeltier, ein Geschöpf der Fantasie (Leviathan, Phönix usw.), das die Erzählung charakterisiert und eine Rolle in ihr spielt.

<u>Parabel</u>: Lehrhafte Erzählung, die **erdichtete**(!) Vorgänge nutzt, um eine sittliche oder religiöse Wahrheit zu veranschaulichen. Während beim Erzählen des Gleichnisses sich die Wahrheit selbst zeigen könnte, müssen beim Erzählen der Parabel zumindest deren Hauptzüge bekannt sein. Mehr als das Gleichnis also muss die Parabel *gedeutet* werden - vom Verfasser, Priester, Religionslehrer! Zwei bekannte Parabeln aus der Bibel sind z. B. das Gleichnis vom verlorenen Sohn (für Reue, Lk 15,11ff) und das Wandeln auf dem See (für Glaube, Mt 14,25ff).

Allegorie: Verbildlichung eines nicht sichtbaren Vorgangs oder einer geistigen Vorstellung, die wie die Parabel der *Entschlüsselung* bedarf! Allegorien treten meist körperlich, in Gestalt von Personen auf, z. B. die Gerechtigkeit als Frau mit Schwert und Pendelwaage oder der Heilige Geist als Taube bzw. Finger Gottes (Gen 8,8-12/Ex 31,18). Die Darstellung ist oft zu einer Szene mit anderen Figuren erweitert, wobei Gemeintes aus Hinweisen wie Schlange, Dorn, Blut deutbar wäre, doch meist *verschlüsselt* bleibt, weil die Hinweise nur von Eingeweihten verstanden werden (**esoterisch**: nur für *Eingeweihte* verständlich). In der Bibel findet man Allegorien bei Daniel oder in der Offenbarung des Johannes (Apokalypse), deren Verfasser mit dem des Johannes-Evangeliums nicht identisch ist, besonders wegen starker Abweichung in der Sprache und Anschauung.

Metapher: Ein Wort wird durch ein anderes ersetzt, wobei zwischen beiden Ähnlichkeit besteht, z. B. kalt für gefühllos oder Feuer für *Läuterungskampf bzw. Heiligen Geist* (Lk 12,49-53/Sir 48,1-16). Durch das Wortpaar geht die Vorstellung von einem zum anderen Bereich über.

Metaphern treten oft auf, sind in anderen Dichtformen auch enthalten, so in der Allegorie, Fabel etc. Wegen der Vielfalt seien nur zwei genannt: die *notwendige* und die *nicht-notwendige* Metapher. Die erste tritt dann auf, wenn die Sprache zur Benennung einer Sache kein passendes Wort hat, z. B. Flussarm, Atomkern. Bei der nicht-notwendigen Metapher, die den Sinngehalt *dunkel* halten soll, muss der Hörer *Vorkenntnisse* haben, so bei biblischen Wörtern wie Blut (Buße, Wiedergutmachung) oder Saatkorn (Gebot). Nicht so schwer verständlich sind Wortpaare wie Engel für Gutes oder Teufel für Böses (doch verborgener „Teufel": siehe Röm 7,17-21). Meistens ist mit der Metapher die Verkörperung, Verdinglichung, Versinnlichung *geistiger* Werte beabsichtigt, so auch im Evangelium Jesu.

Symbol: Sinnlich wahrnehmbares Zeichen, das für etwas steht, das sinnlich nicht wahrnehmbar ist. Anders als die Metapher kann das Symbol (Stern, Zahl usw.) nur vage bestimmt werden, da es neue Bedeutungen erhalten kann und folglich unendlich auslegbar ist.

Jedes Schrift- und Bildzeichen, dessen Bedeutung abgesprochen wurde, könnte als Symbol gelten, als Verkürzung einer *geistigen* Vorstellung, so z. B. das Verkehrszeichen, das chemische Zeichen. Daher spielen Symbole auch in der Religion eine wichtige Rolle, z. B. Farben, Zahlen und nicht zuletzt das Kreuz (Stirb und Werde, Liebe und Opferbereitschaft).

Fazit: Theologen sollten sich weniger der *Esoterik* als der *Aufklärung* verpflichtet fühlen. Gemeinsam mit der Forderung *„Schlüssigkeit"* lassen sich verstockende(!) und widersprüchliche(!) Textstellen gut auflösen.

NACHWORT: Damit das Evangelium unter römischer Macht bestehen und zur Staatsreligion werden konnte, musste Paulus es stärker verschlüsseln. In seiner Zeit also hat Paulus klug gehandelt, jedoch nicht für alle Zeiten. Sich auf Paulusbriefe *(Evangelium an die **Heiden**!)* weiter zu berufen, ist **nicht mehr zeitgemäß**: den *Alten Bund* hat Paulus vom *Neuen Bund* unzulänglich abgegrenzt! (Merke: ... *Geist der Betäubung* ..., S. 48)

Nicht nur zur Bibel, auch zum Koran gehört die *Goldene Regel:* das größte Gebot im(!) Gesetz des Rechts (Mt 22,36-40) - als Ergänzung zum Gesetz der Natur. Das größte Gebot im(!) Gesetz des Rechts weist auf das Gleichheitsprinzip: vorrangig auf die **Gleichheit der Rechtssetzung** (Gesetzgebung, S. 9/23/55) - zudem auf das natürliche Sittengesetz (S. 17).

Von Paulus ist die *Goldene Regel* zwar erwähnt worden. Nach ihm jedoch ist jedes Geschehen - ob gut oder böse - von Gott vorherbestimmt worden. Daher hat Paulus Gerechtigkeit durch Glaube gepredigt - nicht Gerechtigkeit durch Glaube und Werk! Weil die Rechtssetzung (Legislative) zum Werk gehört, ist das **Gesetz des Recht** ausgehebelt (trotz Röm 3,31). Zwar hat Paulus das jüdische Recht auch erwähnt, jedoch das Recht insgesamt als wert- und nutzlos erklärt (Röm 3,27-28/Röm 13,1-7/Tit 3,9).

Wenn alles von Gott vorherbestimmt wäre, wäre der Staat (Exekutive, Judikative) überflüssig, hätte der Einzelne weder Freiheit noch Sünde noch moralische(!) Pflicht. Durch Gottes Gnaden-*Wahl,* so Paulus, ist jeder zur Seligkeit oder Verdammnis vorherbestimmt, ohne Eigenverdienst bzw. Eigenschuld (römischer **Stoizismus** => doppelte **Prädestination** => religiöser **Fatalismus** => hoffnungslose **Desperation**). Die katholische Kirche ebenso wie die EKD haben diese Theologie abgeschwächt, halten an der Prädestination aber weiter fest - an der zur Seligkeit (der **Nihilismus**[6] bleibt weiter enthemmt => leidiger Materialismus/Idealismus, 1. Buch).

Ohne Staat ist das Gesetz des Rechts (staatliche Gesetz) überflüssig: Durch ihn erst lässt es sich durchsetzen. Auch der Staat selbst ist dem **Gesetz des Rechts** unterworfen, überdies - wie der Einzelne - dem **Gesetz der Natur** (in Grenzen zuerkannter Freiheit). Gesetz des Rechts, Gesetz der Natur und Staat sind aufeinander bezogen, in der Bibel ebenso wie im Koran, wo jedem Freiheit zuerkannt ist: **sittliche Freiheit**.[2/3]

Durch Paulus ist die Außenwelt entwertet, die Freiheit negiert und die Religion auf die Innenwelt reduziert worden (**Individualismus**), später auch durch die Patristiker. Anders: Nicht Freiheit ohne Staat, sondern Freiheit mit Staat, gemäß Evangelium Jesu: Größtes Gebot im(!) Gesetz des Rechts *(vgl. Modellsystem ...: oberste Idee, „Weltgeist“,* S. 8/29/45).
Man möge nun die Hinweise (siehe ...) nachschlagen (S. 46).

Von Bernhard Marxen liegen vor - als Beitrag zur Modellierung der Welt insgesamt (in dreißig Jahren erarbeitet und mehrmals überarbeitet):

1. Entwicklungslinien naturphilosophischen Denkens in der Auseinandersetzung zwischen Materialismus und Idealismus *(132 S., nur die aus 2008 stammende Auflage ist gültig)*

2. Modellsystem der realen Welt: Beitrag zur Synthese und Reduktion von Information *(interdisziplinär, 280 S., erste neue Ausgabe 2017)*
   - Welt als Information und Aufgabe
   - Gesetzlicher Zusammenhang der Welt

3. Die Aufgabe: Zum sittlichen Recht *(116 S., erste neue Ausgabe 2017)*

4. Weltweit denken - Ortsnah handeln: genetischer Eingriff an der kapitalistischen Gesellschaft *(176 S., nur die aus 2007 stammende Auflage ist gültig)*

5. Auf Wegen zum innersten Licht *(der Jugend gewidmet, 428 S., erste Auflage 2006)*

6. Die Religion Abrahams: Judentum - Christentum - Islam *(216 S., erste Auflage 2005)*

7. Entschlüsselte Religion: Epoche des „dritten Tags“ *(64 S., Auflage 2013/2015, erste neue Ausgabe 2017, veralteter Titel: A-B-C der Religion)*

8. Gesetzlicher Zusammenhang der Welt *(76 S., erste neue Ausgabe 2017, siehe 2.)*

9. Meine Heimat sei gelobt: Geschehen am Waldsee *(36/64 S.,erste/erw. neue Ausgabe 2017)*

10. Allgemeine Statuten des Vereins durchsichtige Parteien (VdP e.V.): Satzung - Geschäftsordnung - Grundsatzprogramm *(48 S., erste Version 1989, neue - gemeinnützige - Version 2017)*

Die genannten Bücher stellen eine Einheit dar. Als Modellsystem sind sie zielgerichtet und in sich schlüssig - in naturgesetzlichen Zusammenhängen! Das **erste** Buch gilt als Grundlage für das **zweite**, auf dem das **dritte** bzw. **vierte** (reich bebildert) aufgebaut ist.

Das **fünfte** Buch - mit autobiographischem Anteil - ist die „Wurzel“ der genannten Bücher. Es kreist um ein rätselhaftes Geschehen, das dem Autor vor Jahrzehnten widerfuhr. Weil alle Deutungen mangelhaft gewesen sind, hat er es verdrängt und vergessen. Unbewusst aber ist er den Weg gegangen, der ihm gewiesen wurde. - Er ringt um Erkenntnis, durchdringt Theorien und Philosophien. Politische Arbeiten folgen, theoretisch und praktisch. Nach langer Suche erst, im „fernen Land“, erkennt er ein *Leuchtbild* und findet seine Seelenruhe.

Das **sechste** Buch ist ein Ausschnitt des **fünften**.

Das **siebente** Buch ist eine notwendige Ergänzung des **sechsten** und **fünften**.

Das **achte** Buch ist ein Ausschnitt des **zweiten** (siehe dort). Mit ihm erst ist das *Prinzip der kleinsten Wirkung* bzw. *des kleinsten Aufwands* neu erkannt und wegen seines natürlichen und universellen Charakters auf das 3. und 4. Buch bezogen worden - als *neues Paradigma* auch für Ethik, Politik bzw. Parteiarbeit. Die Ethik gehört, begrenzt, zur Naturwissenschaft.

Mit dem **neunten** Buch ist das rätselhafte Geschehen endlich entschlüsselt - auf Grund der kantschen „Kritiken“. Übrig bleibt dennoch ein „Rest“, der als Berufung gedeutet wird.

Dreistelliges Modellsystem (Subjekt - Modell - Objekt)

Die Kreise meinen die Bücher des Autors, die zusammen eine Einheit bilden und in sich schlüssig sind (Kreisgröße und Seitenzahl stehen in keiner Beziehung zueinander). Nur die Bücher 1, 2, 3, 4/10, 8/9 kennzeichnen das Modellsystem. Die Bücher 5, 6, 7 sind von religiöser Art, dem Modellsystem sind sie aber verhaftet.

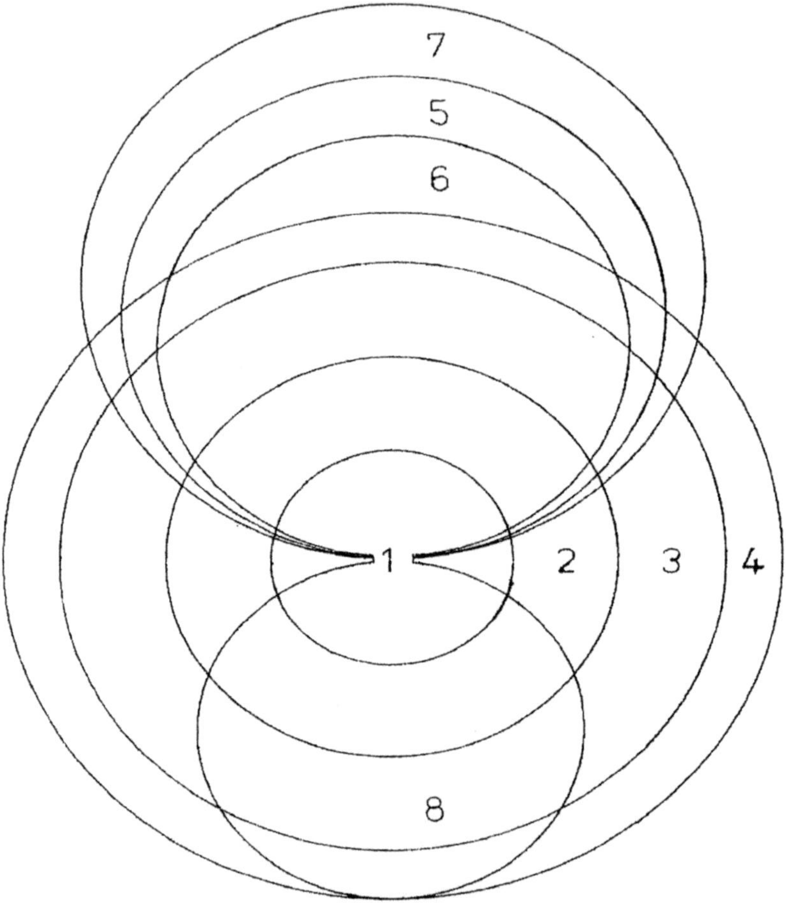

Die Bücher 1 bis 10 könnten *zweibändig* herausgegeben werden. Titel: „Vom Symbol der Bosheit zum Bewusstsein sittlicher Freiheit". Reihenfolge: 5 - 7 - 9 - 1 - 2 - 3 - 4 - 10 (das 8. Buch ist im 2. enthalten; das 6. Buch ist im 5. enthalten; das 10. Buch ersetzt die Statuten im 3. und 4.; die Seitenziffern eines jeden Buches sollten nicht verändert werden).

Das 9.* Buch (erw. Ausgabe) enthält Gedichte und Anmerkungen des Autors.

*

Auf der Rückseite des Buches steht noch eine Teil-Begründung aller Bücher.